U0740815

家长一直很想要的
作文指导经

80 多位爸爸妈妈指导孩子作文的 **152** 个小妙招

作文导师团　主编

人民邮电出版社
北　京

图书在版编目（CIP）数据

家长一直很想要的作文指导经 / 作文导师团主编
. -- 北京 : 人民邮电出版社，2015.1（2019.1重印）
ISBN 978-7-115-37005-1

Ⅰ. ①家… Ⅱ. ①作… Ⅲ. ①作文课－小学－教学参
考资料 Ⅳ. ①G634.243

中国版本图书馆CIP数据核字(2014)第230822号

内 容 提 要

　　这是一本专门为家长量身打造的作文家教指导书。书中，80多位爸爸妈妈结合自己指导孩子写作文的丰富经验，以152篇短小精干的文章，从阅读积累、兴趣习惯、观察口述、方法技巧、过程指导、修改提高这六大方面，为家长指导孩子写作文提供了全面而具体的参考。一读就能懂，读了就能用。数十位著名小学语文特级教师联合推荐！

　　本书适合希望提高孩子作文水平的小学生家长，尤其适合忙碌的家长利用碎片化的时间快速阅读。

◆ 主　　编　作文导师团
　　责任编辑　折青霞
　　责任印制　周昇亮

◆ 人民邮电出版社出版发行　　北京市丰台区成寿寺路 11 号
　　邮编　100164　　电子邮件　315@ptpress.com.cn
　　网址　http://www.ptpress.com.cn
　　北京虎彩文化传播有限公司印刷

◆ 开本：700×1000　1/32　　　彩插：2
　　印张：14　　　　　　　　　2015 年 1 月第 1 版
　　字数：162 千字　　　　　　2019 年 1 月北京第 21 次印刷

定价：35.00 元
读者服务热线：(010)81055296　印装质量热线：(010)81055316
反盗版热线：(010)81055315
广告经营许可证：京东工商广登字 20170147 号

PREFACE / 序

让孩子爱写作的秘密

孩子的所有作业中，最难辅导的就是作文。

经常听到家长有类似的困惑：

"女儿写作文老是记流水账，不仅她头疼，我也头疼，上辅导班也不见起色，到底该怎么辅导呢？"

"老师花了那么多时间，为什么我家宝贝还是不会写作文？"

学作文，其实老师起不了多少作用。这是我个人的经验。从小到大，我没从老师那里学过写作文。不光我，很多人都没学过。可是好像没妨碍这些没学过写作的人（也包括我）今天靠文字吃饭。

我记得，小学三年级的第一篇作文，写自己喜爱的一个动物。老师布置完题目就回办公室了，剩下一帮泥猴子，你瞪我，我瞪你，都傻了。带字的课文还没学几篇，课外书也从来没看过，哪知道怎么写作文。

有个小男孩，外婆家在我们村，开学刚转来。他鬼鬼祟祟地从书包里摸出一本缺边少皮的书，悄悄溜到我身边，小声说："不会写？没事，这是本作文书，俺借给你看看。""哼，本人可是班上学习最好的，怎么会偷看……不许给别人说哦。"我伸出了矜持的小黑手。

我没有原封不动地抄，最起码名字还是我的，小男孩呢，哎，连人家作者的名字都照抄，真笨啊。这是我写作生涯中唯一一次抄袭，内容记得很清楚——什么猫的眼睛在黑夜里能发出亮光，因为有肉垫所以走路一点声音也没有——我养过几只猫，这些还真不知道。

万万没想到，这篇抄的作文，竟然，竟然被老师在班里当范文读了。你知道的，被老师批评了的小男孩，义正词严地站出来举报了我。老师叹口气，指着我："哎，你，怎么能干这事呢！"

从此我就怕写作文，很怕。

每次作文课，我就跟作文本有仇似的，恨不得用眼把本子看出字来。

上了初中，教我们的是李老师，他刚毕业，篮球、乒乓球都玩得很好。他不太教作文怎么写，只是在大家写了以后要大家分组，先在组里轮流读自己的作文，然后选出两篇，最后让被选出的人在班里读。那次写亲人，我写父亲带着我割草，发咸的汗水、衣服上的碱渍、黏成一绺绺的头发、混合着青草泥土的味道——到现在，那感觉、那场景，好像还在眼前。

我被选中在班上读。

也许李老师表扬了几句，也许没表扬。不重要了，关键是全班50多个人都聚精会神地听我读。这种读给别人的感觉真好。

我开始喜欢写作文了。

PREFACE

后来，课余时间，我试着以一只青蛙为主人公，写了一部青涩的小说——《青蛙历险记》。支持我的动力，是同学传阅时欣赏的神态、略带夸张的好评。再后来，我试着在一个印着香港歌星的本子上写酸溜溜的散文，闲时自我欣赏一番，顾盼自得。

那是年少轻狂。但，谁没有年少过呢？那时，写作让我雄心万丈，谁都不在话下——隔壁村里那个痦子大刘不算，他太强壮了。

怕写作文，爱写作文，距离有多远？

一个表现的平台、一次表扬的机会就够了。

当然，如果有更好的指导方法，相信进步会更快。

三个臭皮匠，顶个诸葛亮。一个家长的智慧、办法总是有限的，我们把几十位家长的经验集合起来，就发现，啊，原来指导孩子学作文，有这么多妙招，有这么多乐趣。

我最痛恨讲空话的书，所以这本书里都是小方法、小经验、小招数，简单、好学、管用。不信，你可以随便翻开一篇试试。

不灵，你找我——我在**"作文导师团"**微信公众号（**zuowendao shituan**）等我。

"作文导师团"发起人：阿牛

赠1 考场作文一般评分标准

以总分30分为例：

一类文（27~30分）：

1.字迹工整、美观；

2.作文有题目；

3.语句通顺流畅，能用完整的句子表达出自己的意思，能用上学过的成语、谚语、名句等，会用恰当的修辞方法；

4.精心选材，内容具体，能紧紧围绕一个中心把意思表达清楚，能进行生动而细致的描述；

5.段落层次分明，有一定的逻辑性和思想内涵；

6.正确使用标点符号；

7.达到规定字数。

二类文（24~26分）：

1.字迹比较工整、美观；

2.作文有题目；

3.语句较通顺流畅，能用完整的句子表达出自己的意思，能偶尔用上学过的成语、谚语、名句等，会用常用的修辞方法；

4.内容比较具体，能围绕一个中心把意思表达得较清楚，描述较生动；

5.能合理地分段写作；

6.能正确使用常用的标点符号；

7.达到规定字数。

三类文（18~23分）：

1.字迹欠工整；

2.作文有题目；

3.语句基本通顺流畅，基本能用完整的句子表达出自己的意思，缺乏常用的修辞方法；

4.内容欠具体，中心基本明确，缺乏生动的描写；

5.层次不够清楚；

6.标点的使用大体正确，错别字多；

7.达到规定字数。

四类文（12~17分）：

1.书写不够认真；

2.语句的完整性和通顺程度不够，句子的表达不完整，有语病，错别字较多；

3.内容比较简单，中心不明确，文章的意思表达不清楚；

4.层次不够清楚；

5.标点符号使用不当；

6.字数略少。

五类文（0~11分）：

1.字迹潦草，辨识困难；

2.语句不通顺、不完整，病句多，错别字多；

3.内容很简单，没有中心，记流水账，重复啰唆，不知所云；

4.标点符号错误明显；

5.跑题；

6.字数在300字以下，只写了作文题目，或干脆空白。

赠2 作文得高分的12条细则

1. 考试前几日，可以有选择地翻阅一些高品质的作文图书，以帮助打开思路；

2. 考试作文的最低要求是文字通顺和切题，达到了这两个要求，就可以拿到基本分数；

3. 考试时要不要打草稿，视各人情况而定，一般来说，因为打草稿费时，所以要尽量免去；

4. 一篇文章起码分四段，六七段最为适宜；

5. 书写整洁极其重要，阅卷老师的第一好感来自于你的字迹；

6. 开头第一段一定要全力以赴，用各种描写手法描写人物形态、事件过程或景物特色，成功的开头占据全文得分的50%；

7. 遇到生冷的作文题，不要害怕，缩小其范围、发现其核心即可行文；

8. 语言幽默一些，增加趣味性，让阅卷老师也忍不住笑出声来，这样一定能得高分；

9. 想象类的题目不要表现什么主题，只要写得有趣、有益就行；

10. 结尾段千万不能采用议论或表决心的形式，最后应该仍然是描写，与开头呼应，如果与开头基本相同，也很有特色；

11. 考试中，体裁不限，并不是说想用什么体裁就用什么体裁，而应该根据"扬长避短"的原则来完成；

12. 要为写作文留出足够的时间，基础知识的检查放在作文之后，修改时要使用标准的修改符号，并注意卷面的整洁。

目录

CONTEMTS

CONTEMTS

第 **4** 辑 方法技巧篇 ▼

第 **5** 辑

过程指导篇 ▼

第 **1** 辑
阅读积累篇

阅读和积累，对写作文有多重要？

1300多年前的杜甫说：读书破万卷，下笔如有神。

800多年前的陆游说：汝果欲学诗，工夫在诗外。

300多年前的蒲松龄说：书痴者文必工，艺痴者技必良。

今天，阿牛老师说：阅读，是写作之母。

只有喜爱阅读、注重积累，

才有可能成为真正的作文高手。

那些靠作文技巧、应试规则培养出来的"作文高手"，

最后的结果，往往是"伤仲永"。

01 "一种背"

女儿把《老子》从头至尾背了下来

想出背书这个办法是受我爸爸的影响。小时候，爸爸曾经教我把《毛泽东诗词选》这本书完整地背了下来，我感到自己受这本书的影响很大，所以也想让女儿背一本书，至于背哪一本书，我想了不少，后来选择教她背《老子》。这本书是中国人智慧的结晶，字数少，只有6000字，适合教孩子背诵。当时我想，那些在大学哲学系做学问的人，几个月就能围绕《老子》写篇有价值的论文，我要是在女儿幼年的时候就让她把这本著作烂熟于心，那以后就凭这点，也可以写出有分量的文章。虽然背过了可能会忘，但是这门学问一定潜伏在她脑海里，会发酵，进而影响她。

女儿那时上幼儿园大班，从幼儿园接回家要走十几分钟路，这十几分钟就是我教她背《老子》的时间。第一章教的时间最长，有十几天，她就是背不会，我对自己产生了怀疑：难道这样教她是错误的？就在有这个想法的第二天，女儿流利地把《老子》第一章背下来了。我有了信心，感觉自己做对了，可以继续这样教。后来女儿越背越快，她的记忆力被我开发出来了，最后，一两天就能背一章了。几个月下来，女儿在我的教导下，把《老子》从头至尾完整地背了下来。

（袁志明）

02 **"两种读"**

书读多了，孩子自然而然会用到作文里

写文章应该是水磨功夫，不是一天两天就见成效的事儿。想写好作文，首要的一点就是多阅读。我把女儿的阅读分为精读和泛读。

精读是读老师留的阅读作业。从一年级开始，老师每周都会留阅读作业，其实就是摘抄。只不过，老师很聪明，采取的形式令孩子很乐意接受。老师要求孩子自己选择喜欢的文章读，然后摘出好的词语、好的句子，最后根据自己的理解画一幅画。

女儿很喜欢做这项作业，因为可以画画。虽然每次做这项功课都要耗上半天的时间，但就是在浑然不觉中，女儿的词汇慢慢地积累了起来。从二年级开始，老师要求做专门的阅读练习，先读短篇再回答问题。女儿对这项作业虽然有些厌烦，但也能坚持下来。这种阅读确实有些枯燥，但很有必要，既可以帮助孩子提高对文字的理解力，又可以使孩子鉴赏好的文章。

再说泛读，即课外读书。泛读，不仅要多读，还一定要读杂书。这个"杂"是指读书范围要广。童话、神话、科普文、小说，只要书的思想健康，就可以让孩子拿来读，但要少看漫画书。女儿看书比较杂，只要她感兴趣的书，她都会捧着看。我买来《读者》，她定要先翻翻看看，拣有趣的、易懂的来读。此外，女儿偏爱有关动物、植物的科普书，读小说是近来的事。书读得多了，孩子自然而然地会将读到的词语或句子用到作文里。女儿的《听爸爸讲家乡》中有一句"各式各样的冰灯在扑哧一笑中点燃了，黑夜骤然变得像明亮的白天一样"就是她套用课文里的话，用得倒也恰当。

（笨妈妈）

03 "三杀招"

作文，何必正儿八经教

在妞儿的阅读生涯中，我们家长做了三件事，效果非常好，在这里和大家分享。

第一个是填阅读情况表。这是妞儿在一二年级的时候，老师要求做的。表分为上下两部分，上部分包括优美的词语、句子或段落，下部分是留给孩子画画的。孩子先选一本自己喜欢读的书，一边读，一边找出优美的词语和句子，读罢，把它们写在表中。然后根据自己的理解，把书里的故事或人物画出来。

第二个是写读后感。这是妞儿现在的作业。随便拿篇小文章，读罢，有感就写。一句话不嫌少，十句话不嫌多，只要是肺腑之言就行。

第三个是参加书友会。这个在国外很流行。大家凑在一起，就一本书里的观点交流各自的看法和体会。《朗读手册》里有专门的章节介绍。四年级的时候，妞儿的老师喜欢隔段时间在班里办一次书友会，让孩子说一说自己最近读的书。等到五六年级，已经没有闲时和闲情做这件事情了。其实，爹妈读一读孩子的书，然后跟孩子坐在一起，相互交流一下读后感，就跟书友会没啥区别，只是人少了点。这其中能够触及的话题会很多，可以是作者想表达的情感、思想，也可以是文章的构思和修辞手法等。

所以，作文，何必正儿八经地教呢？

（笨妈妈）

04 "四板斧"

成人都愿意看的少儿杂志肯定是好的

孩子的阅读是慢功夫，用好以下"四板斧"，可以让孩子的阅读踏上快车道。

一板斧：不要一次性地把书交到孩子手中，而是先放在书柜里，让她平时只接触到一两本，避免孩子出现"债多不愁"的情况。

二板斧：读书要分等级。孩子对书会分等级，漫画书就不用说了，三本一套的《昆虫王国冒险记》，她用不了几天就可以看完；但纯文字性的书籍，阅读难度还是很大的。记得给女儿的第一本书是童喜喜的《嘭嘭嘭》，她每晚都坚持看，我认为她是很喜欢的。但当我交给她《时代广场的蟋蟀》的时候，她告诉我："真好看，以前看《嘭嘭嘭》的时候，我都是瞄着看的。"这一个"瞄"字就代表了她的态度。现在她正在看的《夏洛的网》，她也很喜欢，每天背在书包里，趁中午时间翻一翻。

三板斧：也要看和学科相结合的杂志。一期期的杂志比那些分门别类的教科书好看多了。作为成人，我也宁愿去看少儿的杂志：轻松，寓教于乐。通过上网查阅了解，这次学校发下来的杂志订阅目录上，我选择了从美国原版引进的《红松鼠》和《探索自我》，效果应该不错。

四板斧：大声读。遇到经典的文章或书，可以和孩子轮流大声读出来。读着读着，内容和语言就都沉淀在孩子的脑子里了。

05 "才女"阅读

小时候的阅读差别才是重要的"输赢"差别

高考，我家圆圆的语文获得了140分的好成绩。据媒体报道，当年北京市文、理科近12万考生中，语文成绩达到140分以上的只有12人。

我一直重视圆圆的阅读。从她一岁左右就开始天天给她讲故事，也许那时她听不懂，但她喜欢听，明亮的双眸入迷地盯着我的嘴或书，不哭也不闹。到她稍大一些，能听懂话后，她就不断地要求我给她讲故事，每个故事都要一遍又一遍地听。不管她要求讲多少次，我几乎从不拒绝。

在儿童早期教育中，家长们更愿意看到那些立竿见影的效果。人们热衷于把孩子送进学前班提前去学拼音、学外语，热切期待孩子每次考试都能拿到好成绩，热情地给孩子报许多个课外班，培养各种才艺。而早期阅读做没做，暂时看不出什么差异，这让不少家长以为课外阅读可有可无。

事实上，不重视儿童阅读是最糟糕的行为之一，小时候的阅读差别才是重要的"输赢"差别。很少获得阅读熏陶的孩子，往往从中学开始就会表现出综合素质越来越平庸、学习上越来越力不从心的趋势。这方面的艰难和困惑可能会伴随他们一生。

圆圆从小学二年级开始读长篇小说，此后一直未间断阅读。在离高考只有三四个月时间的寒假中，她仍然在繁忙的学习间隙读了大约40万字的文学作品，这对她来说不是增加了负担，而是一种放松和补充。粗略地算一下圆圆的阅读量，到高中毕业，应该有1500~2000万字。这对爱读书的孩子来说并不算多，许多喜爱阅读的孩子的阅读量甚至几倍于这个数量。

（沈冬妹）

06 "才子" 阅读

看闲书也是有用的

提到阅读，我不得不说我家的孩子不是勤奋的那一个。他只在每天临睡前读20分钟左右。为了培养他读书的兴趣，我现在还给11岁的他读书听。

他很享受我给他读书，不仅仅是因为每一次我都声情并茂，还因为每次读书我们都有交流。儿子自己读书的时候会选择故事性和趣味性强的读物，而我读的则是有一定深度的书，如《林汉达的中国历史故事》、《图说天下系列》、《红楼梦》。我建议大家在给孩子选择读物的时候最好是那种有赏析的，这样我们不仅可以读文，还可以领会这么写的妙处。

还有一点很重要，就是读书一定要用心，家长在和孩子读书的时候一定要有所交流，如设疑让孩子猜猜文章的结尾会是怎么样的，文章中某个词语的意思是什么，说一说文中的哪个词、哪句话用得好，让孩子不妨引用到自己的文章中等。总之要让孩子在读书中有所收获。

有的家长说，我家孩子就爱看没用的书，看没有几个字儿的漫画都能笑出声来。我认为看漫画都能笑出声来，说明这孩子很不简单。这足以证明他的想象力很丰富！

上周日儿子写日记时，把漫画书《阿衰》拿了出来。我不解地问他："你写日记拿这个干什么？"

他说："这本书上有一首改编的诗词很有趣，我照着改一改，用在作文《都是重名惹的祸》里。"因为儿子在作文中写了改编诗，风趣、生动，引起了大家的兴趣。由这件事我们是不是也可以得出——看闲书也是有用的呢？

21

（芷欣）

07 "学友"阅读

他见我以一种积极的状态投入学习，也不甘落后

儿子跨入四年级了，又是一个新的开端。我和儿子拟定了读书计划，列出了一学期想读的书目。儿子更偏向于《我们爱科学》一类的科普杂志，受班上同学的影响也喜欢《皮皮鲁和鲁西西》系列。

对于书籍的选择，我对他没有特别的要求和限制，名校老师推荐的书目也好，名师名家的名作也好，在激发阅读兴趣方面，还是以他自己选择的为主。孩子喜欢阅读的书就总有其喜欢的理由。但我还是会把关，看他在看某本书，我会借机借过来："哇，看起来很吸引人的样子，让妈妈先解解馋！"把书大体浏览一下，觉得不出格，就还给他，并会在睡觉前和他共读。如果有不符合他这个年龄段看的书，就会故作不经意地推荐别的："我看到一本比这个还精彩的书，讲的是……我从朋友那里借来的，人家答应只借三天，你看不看？"故意说得夸张些，引发他的兴趣。

我和儿子是学友。他见我以一种积极的状态投入学习，也不甘落后。我们一起读《草房子》，他给我讲"皮皮鲁"的趣闻轶事、《阳光男孩》里面的感人事情，我们一起在上学、放学路上的车里听《国学故事》……因为阅读兴趣的提升，他在写作中也学会了适时地用上一些好词佳句，自己感觉有话可说了；虽然有时重点不够突出，或详略不是很得当，但是我抱着一种静待花开的态度，欣喜地看着他一点一点的进步。

（唐莉）

08 "瓶颈"阅读

作文与作者的知识水平密切相关

最近，儿子陷入了写作"瓶颈"。他写作热情高涨，却总也写不出好文章。他很困惑：我怎么又写不出好文章来了呢？

我让他别急，拿他最近写的几篇文章看了看。这一看，我找到了症结：有了写作灵感、基本的写作方法和素材，但还缺少一定的知识储备。因为到了一定程度，文章写得好不好，还与作者的知识水平密切相关。儿子那几篇文章看上去都很讲究表面，摘取名人的只言片语写在卷首，名曰"题记式"。可他真的理解那些话吗？读书少，认识水平低，他对某些话的理解只能是断章取义。如果再顾影自怜、孤芳自赏，掉在"怀才不遇"的良好自我感觉里，那还怎么能写出好文章呢？

我给儿子指出这些之后，又给他讲述了我写《执灯的人》的经历：

我大学毕业后曾去西藏支边6年。一开始，我高原反应严重，肺部好像被掏空了一样，心跳每分钟超过118下。在兵站的那天晚上，我上吐下泻。这时有个解放军战士提着马灯走进来，帮助我打扫秽物，还给我专门做了一碗汤面。我逐渐好转后，这段经历成了我刻骨铭心的记忆，我决心把它写下来。可是我努力了好多年，投稿不下十次，均告失败。直到中央电视台举办"人在困难时"征文活动，我又记起这件事，才再次下决心要写成功。

我开始翻阅有关的书籍，想从中借鉴些写法。

有一天，我拿起一本泰戈尔的诗集阅读，有一句话引起了我的注意。这句话是："谢谢火焰给你光明，但不要忘了那执灯的人，他是坚忍地站在黑暗之中呢。"看到这句话，我心里"刷"的一下亮了，从床上跳起，直奔电脑边，打下"执灯的人"这四个字。我将"执灯的人"选作写作题目，重新修改了原来的文章，寄到中央电视台后，文章很快发表了。正是泰戈尔的诗，给了我这次写作的突破。

儿子从我的亲身经历中，领悟到了读书与写作关系的真谛，在学习之余广泛阅读，作文终于走出了迷茫期，佳作不断涌现出来。

（李多）

09 "追星"阅读

孩子从最爱读的书中受到的影响最大

我一直主张多让孩子看书。女儿有个特点——爱看书，碰到一本自己喜欢的书，会看得很入迷。还在读幼儿园时，我给她买一些图画书，她能够自己看。识字量多了以后，逐渐给她买字比较多、词汇量比较大的书。当她考试考出了好成绩，我对她的奖励往往就是给她买书。

我平时工作比较忙，我爱人也早出晚归，平时没有很多时间教育孩子。多让孩子看书，孩子能从书中接受到一些教育，可以弥补这方面的不足。我有时也买一些像《父母必读》、《怎么教育孩子》之类的书，想自己先看一看，学点方法，然后好教育孩子。但往往书买来后，我没有时间看，孩子却拿去看了，我想说的事情她都已经知道了。

　　不知从什么时候开始，女儿迷上了S.H.E的歌，每次到音像商店，都要求买S.H.E的CD或者磁带。我心里确实犹豫，担心这么小的孩子就成了追星族。开学初，老师布置写《新学期，新打算》，女儿受歌词的启发和影响，写的是一首诗歌：

　　又到了重新步入校园的那一天，

　　你是否有什么新的打算？

　　把它用自己的行动表达出来，

　　这个愿望将会在清晨实现。

　　美好的一天就要有一个良好的开端，

　　光做白日梦不能让梦想实现。

　　把握今天，渴望明天，

　　要实现愿望就要抓紧时间。

　　相信你在人群中绝对不一般，

　　让我们用自己双手把未来展现。

　　如果到了你实现梦想的那天，

　　我将会送给你一个美好的祝愿。

　　这件事让我很有感触。孩子从自己最爱读的书、最爱听的歌中受到的启发是潜移默化的，影响也最大。

（温金海）

10 "均衡"阅读

饮食均衡，才能强身健体

有人将阅读和饮食相比：主食阅读——"生存需求的阅读"，美食阅读——"思想需求的阅读"，蔬果阅读——"工具需求的阅读"，甜食阅读——"休闲需求的阅读"。我虽然没有科学合理地为儿子小乐安排"饮食"，但一直在努力地做一些补偿。饮食均衡，才能强身健体啊。

我们家的沙发边上，一定放着两本工具书：一本是《新华字典》，另一本是《辞海》。

一家人看电视，遇到一个字很陌生，赶紧吩咐："小乐，快去查一下，这个字到底是什么意思？"碰到一个新奇动物，赶紧"请教"他："小乐，这是个什么动物？"哪个国家有新闻，赶紧问他："小乐，这个国家在什么地方啊？"小乐就这样很认真地去读书、查字典。

我们有的时候是真不懂，有的时候是装不懂。不管懂不懂，一定要很诚恳，否则小乐会不高兴的。就这样，小乐虽然从来没有出过国，但两百来个国家、地区的国旗、标志什么的，他小学的时候就认得很清楚了。

历史和哲学能帮助我们认识未来，所以我有意无意地给小乐"填鸭"。电视剧《三国演义》正热播的时候，有个朋友刚好送来一套65本的《三国演义》连环画。借着电视，我先大致讲了一下"三国"是怎么回事，再让小乐一本本地看。看到后来，小乐都能给我们做老师了：关云长的大刀有多重，诸葛亮如何去借东风，他讲得头头是道。《水浒传》热播的时候，我们就如法炮制，结果，108将他都能一个个地说出来。随着他读书的增多，我最后买下一套白寿彝主编的《中国通史》20册——如果要全面而准确地了解历史，就一定要读正史。

阅读有时候并不需要一本正经。我们家里长年订有各类报刊。从小乐上小学起，我就给他订《微型小说选刊》、《少年文史报》、《小溪流》等，随着他的年纪不同而选择订阅。我还向小乐传授买书的"诀窍"：

一是选择"主食"还是"美食"，抑或"蔬果"、"甜食"，对内容一定要有所选择；二是选择出版社，不是看不起小出版社，我大多选择老牌、著名的出版社，其知名度高，水平高，一般不太会有次品；三是一定要看一下书的前言、后记、目录以及最后的版权页，那上面有很多有用的信息。通过这些判断，再加上合理的价格和书的装帧设计，就可以选择一本书了。开始是我带着小乐买，几次以后，我们一起进书店，往往是他自己买书，我只是拿过来翻翻。有一次他居然买了本霍金的《时间简史》，让我对小乐的读书方向有了新的认识。

（白乐天）

11 "减速"阅读

阅读让孩子笔下多了另一种风景

现在我们的"烦恼"是，女儿太沉溺于书了，我们得提防她因为喜欢郑渊洁、杨红樱、秦文君的书而忘掉功课、不顾休息。

　　我和妻子都爱看书，这对女儿有一定的影响。但如果一开始我们不引导她，她现在也会是个"电视迷"，而不是"小书迷"。对于孩子的学习和成长，电视看多了，弊肯定大于利。不是我一个人这样认为，许多教育专家和心理学家都有这方面的论述。尽管我自己在电视台工作过，但现在女儿每周只有周六是"法定"可以看电视的日子，她可以享受也可以放弃，若因故耽误，不可以补。

　　我们喜欢陪女儿进图书馆，她从上幼儿园起就有自己的借书证了。现在她每周至少借阅一本儿童书籍。上个月因为她一年内借的书超过100册，图书馆奖励她一张爱国主义影片的电影票，她兴奋无比，跟得了宝贝似的。

　　我们为女儿购买的书也不少。从图画书、带拼音的书买起，只要是女儿看中的，我们尽可能让她如愿。这段时间有点例外，她偏爱一两位儿童作家的作品，我们怕她"营养不良"，有时不能遂她的愿。

　　女儿迷书，也有苦恼。从她上二年级起，就有老师向我们告"恶状"，说她在课堂上偷看《儿童文学》杂志；晚上，她在我们的监督下上了床，待我们离开后，她会偷偷打开床灯趴在枕头上看书看到深夜，影响第二天的学习；她总是不记得先做好老师布置的作业才能看课外书，惹得她老妈一次又一次冲她发火……

　　从书里得来的许多知识女儿还不能识别好坏。她爱用自己的零花钱买故事类通俗杂志看。一次在课堂上，她把一个近乎"黄段子"的笑话讲给同学和老师听，差点没把听课的众多同学和老师笑岔气。

　　我们有弹性地管理她，既不让她太迷恋书而影响全面发展，又不想打击她读书的积极性。我们确信，一个人从童年时代起就养成良好的阅读习惯，不是坏事。

因为读了书，动笔写作文时，她和同龄的孩子相比，笔下就多了另一种风景。最明显的一点，就是用词很大胆。

看了不少"大书"，她想自己写一篇"长的作文"，向我要去几本稿纸，真的学章回体写了下去，我看了前面两部分，觉得不赖，想鼓励她继续写下去，却被妻子制止——毕竟才10岁的孩子，白天还要学习！

暑假里也许可以试试。

（张正）

12 "故事"阅读

推荐古今中外名篇一定有收获

英国伟大的剧作家、诗人莎士比亚说："书籍是人类知识的总结，是全世界的营养品。"书是瞭望世界的窗口，改造灵魂的工具，打开知识宝库的钥匙。年少时熟读背诵一些好文章，可以经久不忘，也可以学到一些作文的方法。鲁迅先生还主张"广博"，除了阅读文学书以外，还要适当阅读一些历史、地理和科学技术方面的书籍，以增长知识，扩大视野。

女儿喜欢故事，看了不少故事书，无形中培养起了她看书的兴趣。小学阶段，她把家里、学校图书室感兴趣的书基本看完了，还到附近的初中图书室找书读。再后来，那里也无法满足她看书的要求，我们就鼓励她去网上搜书，到外面借书。现在她看的书比我看得都多，而且记忆力特别好。阅读引导也很关键，她对书的选择全凭兴趣，为了让她的阅读向纵深发展，我根据她的年龄特点和实际发展的需要，有针对性地推荐一些古今中外名篇给她读，并告诉她，一些书看不懂没关系，只要仔细琢磨，认真品味，一定会有收获。

暑假，我会让她跟我一道背诵一些诗词曲赋。从朗诵的节奏、语调、感情上让她喜欢这种艺术美，然后才从内容上去理解，尽可能让她受到这些经典美文的熏陶，进而提高她的文学修养。

（刘先发）

13 "掺和"阅读

女儿读什么书，我从来不会听之任之

关于女儿读什么书，曾经很让我费脑筋。上学之前，女儿读啥书由我说了算。上学之后，女儿的环境不再单纯，她会受周围同学的影响，并且有了自己的品位，读什么书，自然不能全听我一家之言。二年级的时候，班里风靡"马小跳"，她也要买。我陪她去了书店，架子上摆的，地上堆的，我的妈呀，都是"马小跳"，更令我惊讶的是，小小人儿们个个看得如醉如痴。

我四处踅摸，先是瞅见林格伦的《淘气包埃米尔》，接着又看到《小尼古拉》，从此，女儿跟"马小跳"说了拜拜。虽然我们常说，阅读是建立在兴趣之上的，阅读的目的是让孩子享受读书的快乐，但是孩子读书的兴趣可能随着年龄的增长发生变化，也可能受到周围人的影响，所以我们给予相应的引导和建议还是很有必要的。女儿读什么书，我从来不会听之任之，我得"掺和"。

二三年级时，女儿喜欢读的书日渐多起来。《长腿叔叔》、《海底两万里》、《爱的教育》、《黑骏马》，不知不觉中，女儿读完了一本又一本。进入四年级，女儿的作文让我感觉有了质的飞跃。她开始懂得模仿，知道借鉴别人的写作手法，学着运用排比等修辞手法。没人教她这些，是她自己从课文或故事书里淘来的。终于从最初的坚持——"写作文从阅读开始"中看到一丝光亮，我的小女儿开窍啦。

（笨妈妈）

14　日有所练

优美语句的获得要靠日常练习

孩子写作文时可以先让他了解一些文章最基本的结构方式。一二年级常用的文章结构为"总分总结构"，这种布局通常适合写事和写人的文章。文章一开头确定了文章的中心，下面的段落就围绕这个中心展开，孩子比较容易掌握。当然这种结构写多了，熟练了以后，要引导孩子学会创新，同样的事情选择不同的思路，就能让文章有新意。

运用优美语句无疑能给文章锦上添花，而孩子日常的词句积累非常重要。平常，我的孩子基本不看作文书和童话书，而最喜欢看漫画和探险小说。作为家长，我有些着急。但我没有强迫他改变阅读习惯，而是通过其他途径对孩子进行语言训练。例如：分析课文中写得好的语句，有感情地朗读好的作品，做词语接龙游戏，和孩子比赛说一句话看谁的词用得好，每周写写三四句话的小日记等。不在于训练的量有多大，而在于让孩子对训练感兴趣，起到一种"润物细无声"的效果。

（赵培源妈妈）

15 日有所积

让孩子养成主动收集资料的习惯

班上很多孩子每次写周记时都找不到写作的素材，很多周记的内容、题材不新颖。难道一周中真的没发生有意义的事吗？答案是否定的，只是孩子没有养成收集有价值资料的习惯。

我的儿子目前也进入了收集资料的阶段，我为儿子准备了一个本子，每晚睡觉前让他回忆一天中认为有价值的事，我用一两句话概括后写在本子上。如果时间允许，可以让孩子口述比较感兴趣的事。

刚开始，孩子可能不太会概括一天中有意思的事，父母就得做一个有心人，和孩子以聊天的方式，慢慢引导，帮孩子寻找。久而久之，孩子就会主动筛选有意思的事了。经过两周的坚持，有时我忘了收集资料，儿子反倒会提醒我。渐渐地，我发现儿子从一天中提取有意思的事的能力越来越强。

（晴空万里1225）

16　日有所听

播放儿童故事亦或名家散文给孩子听

从孩子很小的时候起，我就开始注意给他购买一些儿童读物，主要以绘本为主。因为孩子是形象化思维，在最开始给他讲故事的时候，他可能心不在焉，只关注书上的图画；渐渐地，他理解了故事情节，利用他超强的记忆力记住了我读的每一个词汇，我就可以一边阅读一边让宝贝表演给我看了。因为故事情节不断深入，他有时还会向我提问，这说明他的思维能力在发展。有的宝贝对文字记忆很深刻，多次阅读之后甚至能够记住一些常用字。

在孩子的形象思维能力得到一定增强以后，还可以利用声音文件播放大量的儿童故事给他听，甚至可以是一些名家散文。不要以为宝贝听不懂，孩子的潜力是非常大的。我就在孩子四岁时开始有意识地给他播放一些儿童版的历史故事、天文地理常识等，没想到孩子对这些新奇的知识非常感兴趣，反复听过几遍之后，基本就可以复述了。同时因为这些大人世界复杂的知识、关系，他的提问也越来越多。我觉得这都是知识量、词汇量的积累，是写作文的基础。

有一次我在网上下载了初中时学习过的《驿路梨花》的音频文件，拿回家播放给孩子听。孩子非常喜欢，连听了两遍，他说："写得真美呀。"我问他听得懂吗，他说听得懂。看来一篇美文在每一个年龄阶段读起来可能理解程度不一样，但同样都会给人以美的熏陶。

（牧童）

17 日有所认

讲字理的书能帮助孩子直观认字

能够提前识写大量的字词，对于一二年级孩子的写话至关重要。

除了在学校学习外，还有什么办法能让女儿愉快、轻松地认识许多字呢？一年级时，我主要用的是绘本。每晚睡前，我陪女儿一起阅读，最初是我读，她翻页。过了一个月，改变方式，我读一页，她读一页。女儿越读越爱读。所以，后来我有时没时间，她就自己读，且读得津津有味。

二年级时，我主要给她买以文字为主的课外书和讲字理的书。如《汉字源流辞典》、《图解汉字起源》、《汉字王国》等，这些书上有许多图片，直观地表现出相关汉字的造型来源，一目了然。我从最基本的汉字讲起，引导女儿从汉字的象形结构中去理解汉字的来龙去脉，从汉字的形象中悟得其意蕴，这样也就能更加理解和记忆汉字。

（何小波）

18 日有所记

贴在墙上的纸可以当素材库

有个晚上，我给孩子换了一床新被子，被套和床单都是嫩黄的绒布，很暖和。孩子当时就说：我的新被子好像蛋壳儿，好暖和呀！我觉得这是个好题材，立刻告诉她：这个想法不错，应该记下来，这个周末的《生活天地》可以写写你的"蛋壳儿"。到了星期天，老师布置了作文，她提起笔来就写：

我的被窝是我的蛋壳儿。我的蛋壳儿暖暖和和的，睡在里面真舒服。

我的蛋壳儿是橘黄色的，我睡在里面感觉整个世界都是黄黄的了。啊，我就是那个蛋黄黄了！

我帮她投稿《小学生作文》，结果一个星期就发表了，还拿了45块钱的稿费，孩子很受鼓舞。后来，女儿有了自己的"字纸篓"，是贴在墙上的一张纸。一个星期当中，遇到什么值得记录的事情，她就先写下来，暂时拟一个题目，用几个字描述一下这件事。到了周末，上面已经有一排题目了，这些都是生活当中的素材。她挑她最想写的写下来交作业，有的好题材写下来投稿。

俗话说，好记性不如烂笔头。随时收集素材，孩子会发现，生活当中可以写的东西还是挺多的。

（花瑶茹）

19 "卡片"积累

准备许多个小档案袋，写上名称，以便于积累

为了让孩子能够在生活中学习，在生活中积累，家长可以准备许多个小档案袋，分别写上名称，如"颜色"、"味道"、"形状"。每当孩子学完一篇新的课文或在阅读课外书籍时，指导他收集较好的

词语并制作成卡片，分别装入相应的袋子中。这样既能让孩子在制作中学会识词写词，又能够让孩子了解词的类别，并学会应用在生活、学习中。

如"颜色"的档案袋里就收集了"白里透红"、"白嫩嫩"、"黄灿灿"、"红彤彤"、"洁白"、"碧绿"、"瓦蓝"、"绿油油"、"黑乎乎"等词语卡片；"味道"袋里有"香喷喷"、"甜滋滋"、"香甜可口"、"清凉酸甜"、"又苦又涩"等词语卡片；"形状"袋里有"尖尖的"、"弯弯的"、"圆滚滚"、"细长"、"椭圆"等词语卡片。有时吃水果，家长就可以让孩子自己去找出能表示这种水果的特点的词语卡片，拿出来认一认、读一读，并试着用这些词语说一句话或几句话，再将这几句话连成一段话写成日记。

这种卡片积累法需要家长有足够的耐性和恒心，坚持下来就一定会有收获。

20 "换词"积累

换个词，还可以怎么说

这种方法主要是帮助孩子积累和运用同义词，使句子内容丰富而灵活。

如孩子带回数学试卷，他得了一百分。此时，我故意问他："你的心情怎样？""我高兴极了！"孩子不假思索地说。我笑着又问他："换个词，还可以怎么说？"他想了想，说："我开心极了！"

我又鼓励他多换几种说法，孩子经过思考和查书寻找，最后竟找出了好几个能表示"高兴"的词语。

21 "仿句"积累

说一说，仿一仿，轻松来训练

生活空闲时，说一说，仿一仿，能轻松地得到说话的训练，为"写话"打下基础。

一天早上，我和孩子在校园里散步。我指着草坪说："小草钻出来。"孩子抬头四处望望，跟着说："太阳升起来。"我又说："嫩绿的小草钻出来。"孩子说："火红的太阳升起来。""嫩绿的小草从土里悄悄地钻出来。""火红的太阳从山上慢慢地升起来。"这样的训练，能让孩子逐渐学会把句子说得更具体、更生动、更完整。

22 "选择"积累

从积累的词语中选择最合适的描述场景

外面下雨了，我让孩子去听一听雨声是怎样的，看一看滴落下来的雨花是怎样的；再用手接一接，雨水淋湿了自己的手，感觉是怎样的。孩子兴冲冲地跑出去体验，可回来时却皱起了眉头："我会学那

种雨声，可不知用什么词来说。"我提醒他："你去找你收集的表示
'声音'的词语卡片。"孩子一查，果然找到了好几个写雨声的词
语：沙沙、哗哗、淅淅沥沥。我说："你读读这些词语，再仔细听一
听，用哪个词最合适？"孩子听了听，又想了想，说："外面下雨
了，沙沙地响。"我提示说："雨滴落下来，形成——""一朵朵白
色的雨花。""用手轻轻地接着，感觉——""真凉啊！"就这样，
在不知不觉中，孩子从留意生活的点滴开始学会了积累，从切身的体
会中学会了运用。

23 "想象"积累

联想与想象，能开发孩子的语言思维能力

有时，我有意地引导孩子观察天上的云彩，我说："一团一团的
白云像棉花。"孩子想了想，也说："一堆一堆的白云像墙壁。"我
又说："天上有个雪人在对我笑。"他朝向远处的天边，看了看后
说："天上有个小白兔在蹦蹦跳跳。"

适当地展开联想与想象，运用多种修辞手法，能开发孩子的语言
思维能力。一天，我同孩子一起逛商场，看到一个小弟弟正在玩气
球，我对孩子说："你能把气球想象成一个小朋友，说一句话吗？"
孩子眨着调皮的眼睛，冲着我说："气球在跳舞。""能说得再详细
些吗？什么颜色的气球，在什么地方，怎样地跳舞呢？"孩子思索了
一会儿，得意地说："又红又圆的气球在空中开心地跳舞。"我连声
夸奖，并买了个气球作为奖励，孩子高兴地拿着气球真的跳起舞来。

24 "背诵"积累

记得快忘得也快，因此需要反复背

从一年级开始，我便要求女儿背诵儿歌。到目前为止，她已经背完了《新编经典儿歌大全》282首、《中国新童谣》110首、《经典童谣》171首、《亲子共读30分》中的儿歌41首，共604首。

由于记得快忘得也快，常常回生，因此，我总要她反复地背。现在，看着在2分钟内就能熟练地背诵5首儿歌的女儿，我常忍不住夸奖她。有时，也会有意无意地向她提问题："这几天妈妈出差了，你那么想念她，能不能用儿歌来说说？"她歪着头想了好一会儿，竟然溜出几句来："妈妈不在家，我好想念她。每夜梦着她，小嘴亲亲她。"别说，还真有那么一点味道。许多人在空地上打羽毛球，我就对她说："能用儿歌来讲大家打羽毛球的事吗？"她又歪着头想了想，吟出："羽毛球呀跑得快，一跑跑到蓝天外。来来往往真热闹，搭成座座白拱桥。"

（黄大权）

25 "找趣"积累

趣事、乐事是作文取之不尽的资源

对于感兴趣和喜欢的事情，儿子会有说不完的话，真可谓滔滔不绝，因而趣事、乐事便是儿子写作文取之不尽的资源。而我就承担起了"储存资源"的重任。每到节假日，便是我和儿子找"趣"找"乐"的时候，田野、山岗、池塘成了我们常去的地方，一株野花、一丛野菜、一头牛、一群蝌蚪，都成了我们的"趣"和"乐"。

时间一长，儿子自己也会"储存资源"了。一天，我带儿子上街，一转眼儿子不见了。仔细一找，发现他正津津有味地隔着玻璃窗看师傅做裱花蛋糕。回到家，一篇题为《大蛋糕》的作文一挥而就。儿子在文中写道："那蛋糕就像白雪公主的纱裙，漂亮极了，隔着玻璃我都能闻到它的香味。"

（王悦娟）

26 "笔记"积累

出去玩别忘了带上小笔记本

我们出去玩的时候，会给女儿带上一个小笔记本，这样，一个个题目记录下来，写日记时看看这些题目就能凭着回忆去写。当然，要说明一点，这种方法需要有技巧让孩子愿意去记录。有时，除了孩子记，我会给她录像。一些好玩的、孩子喜欢的东西，可能到写的时候印象不深了，如果有录像，那就很容易了。

有一段时间，我感觉女儿变成了积累素材的"高手"。比如，我第一次给她买了拉杆书包，她马上把对拉杆书包的尝试使用写进了日记。还有一次，她走进厕所，发现一只蟋蟀从天花板上跳下来，把她吓了一大跳，这件事也写进了日记里。如果今天已经有东西写了，她就会很积极地为这件事情想一个题目，记在本子里。

（诗书妈）

第 **2** 辑
兴趣习惯篇

孩子学习，兴趣第一。

对作文有了兴趣，也就成功了一半。

口头告诉孩子要有兴趣是没有用的，

兴趣看不见、摸不着，而家长最大的"本事"，

就是轻而易举地扼杀孩子的兴趣，并且还不自知。

有了兴趣，还要有好习惯。

兴趣可以让孩子的动力保持一时，习惯却能保持一世。

也就是说，没有兴趣，孩子的作文当下过不了关；

而没有习惯，未来过不了关。

怎么才能激发兴趣，又养成习惯呢？且听听大家的妙法。

27 给孩子戴高帽

孩子有一点点进步就应及时鼓励、表扬

不管我们使用哪种方法来引导孩子学习"写话"，我认为最好的方法还是"积极鼓励法"。对于处在低年级的孩子来说，"写话"就如同幼儿"牙牙学语"一样艰难。家长要想做好孩子的启蒙老师，就应像期待宝宝喊出第一声"妈"、"爸"那样耐心而充满希望。对孩子的要求不能过高，"话"中出现了一个好词、一个好句，有一点点进步就应及时鼓励、表扬。

鼓励的方法有很多：用喜悦的神情大声朗读孩子的"佳作"；让孩子邀请家里的其他成员、邻里的叔叔阿姨，来听一听、评一评自己的"佳作"；将"佳作"直接发表在电脑网页上，并在好词好句下面画上醒目的红色波浪线，表示这里最精彩。

只要让孩子在精神上能够获得成功的愉悦，对于"写话"产生浓厚兴趣，由爱说、爱写到能想着说、能认真写，孩子就等于真的"入门"了。

28 给孩子建博客

孩子关注博客的点击率，家长的目的就达到了

老舍先生告诫我们："要打好基础，第一步就要学会'记'，每

天记一件事。""最好的窍门就是'每天必写'、'天天拿笔',哪怕是写几十个字也好。"

从小学二年级开始,我就让女儿记日记。日记不要求长,只要写出最想记下来的事即可。到现在她记日记的习惯依然保持着。从六年级开始,我为她建起了博客,要求她经常更新自己的博客,并对她讲了建博客的好处,还发动好友为她留言和评价,激励她时常更新。有时她还为网友的博客写点评论,因而她特别关注博客的点击率,这样我的目的就达到了。

我还鼓励女儿参加各种征文和投稿,这当然需要老师的点拨和修改,以增加投稿的录取率,并激发她的写作兴趣和信心。如果没成功,我会告诫她投稿是锻炼自己,没有成功可能是由于写的文章还有不足,需要再精心加工,仔细修改。记得在小学三年级时,她写了一篇《小小的我》参加《作文周报》组织的征文活动,获得了优秀奖。当时组委会还寄来一封贺信,要求学校利用广播向同学们广泛宣传。这件事对她触动很大,大大提高了她的写作兴趣。

（刘先发）

29 给孩子出文集

那是儿子一步步成长的足迹

从小学三年级开始,无论儿子写的只言片语,还是单元作文、循环日记,或是课堂拓展的仿写,我都会打成电子文档,以日期、学期分成几个栏目保存下来。每个学期与儿子合作做出一本独一无二的《笔下生花集》。内容有目录，有作文原文的照片（因为原文有他自己的笔迹，上面有老师的评语），有与这篇作文相关的照片（有图有真相），有儿子手绘的插图。如果文章被发表，会彩色复印后张贴在上面。

每当翻看这些文集，孩子能看到自己一点一点的进步，从照片回忆起当时写作的点滴。而对我来说，那就是儿子一步一步成长的足迹，也是多年后可以翻看的留存于脑海的美好回忆！

（唐莉）

30 给孩子自信心

把说的话写下来，就是作文了

我们小时候，管作文叫"榨文"——不是"作"出来的，是"榨"出来的，一拿起笔就不知道写什么好，只有绞尽脑汁"榨"了。天不怕地不怕，就怕老师叫写话，还没动手写，心理上就觉得作文是难对付的。

我想不能让孩子有这种想法，所以当她提笔写之前，我就给她灌输作文就是拿笔"说话"。孩子没有接触过作文，对作文没有概念，但说话谁不会啊，把说的话写下来，就是作文了。把说话和作文联系起来，孩子心理上对作文就有些理解了，不会产生畏惧心理。实际上，低年级的"作文"就叫"写话"。很多家长在孩子动手写作之前有意无意地给孩子留下"作文难"的印象，这也是孩子日后怕作文的祸根。

（花瑶茹）

31 给孩子巧指导

人有了，事有了，景有了，作文就有了

小学三年级刚开学不久，有一天放学，小乐兴奋地说："爸爸，老师说，我们要开始写作文了。作文是个什么东西啊？作文难写吗？"

我笑笑："作文不难写的，作文就是你平时说话，你怎么说话就怎么写。你平时说话难吗？"小乐认真地思考了一下，然后若有所思地"噢"了一声。

也是凑巧，我们那儿刚好要举办一个"药王节"，其中有一项活动就是灯会。于是我对小乐说："今天晚上爸爸带你去写作文！"他一听很激动。

我带着一个傻乎乎的、对作文充满向往的小学三年级男生，向着我给他埋伏好的作文"圈子"出发了。我一路交代着：灯会都有些什么人；他们在什么景点前兴奋；为什么会兴奋；从山脚往上看是什么景色；从山半腰看下来是一种什么景色；从山顶朝下俯瞰又是一种什么景色；灯会的灯有各式各样的动物造型，那个大象和恐龙有多大，它们为什么会动；孔雀开屏和动物园里的真孔雀开屏有什么不一样；灯的颜色是怎么变幻的……我认为，人有了，事有了，景有了，这个作文应该可以写了。

回到家，小乐问："我怎么来写这个灯会呢？"我说："你就按时间顺序一件件记下来，明天交给我。"第二天晚上，他交给我一篇题为《药王山逛灯记》的大作，我一看，不得了，洋洋洒洒1300多

字。我问："作文难写吗？"他说："不难写。"好，第一个目的达到了。

细细一看，还真像回事，虽然很啰唆，连上山的台阶他都留心数了，还有很多错别字，但我还是表扬了小乐。我当着他的面改病句，改错别字，他都很认真地"噢噢"，他大概认为这是件很新鲜的事吧。

（白乐天）

32 给孩子发稿费

根据日记质量和字数给稿费

儿子对写作文没有一点兴趣，他整天想着的就是玩耍和花钱。

我决定用经济杠杆来调动儿子写作文的兴趣。儿子每天有3元零花钱。我对他说："从今天开始，每天只能给你1元零花钱。如果你还想要的话，就写文章来赚稿费。"

儿子听后悻悻地说："我可没你那么大本事，我写作文是班里最差的，谁会要我的作文啊？"

"我要，只要你写得好，我给你！一篇 5 到 50元。"我告诉儿子。

"真的？你不骗我？咱拉钩上吊一百年不许变！"

"我什么时候骗过你嘛。好！从今天开始你每天写一篇日记，记录当天发生的事情，字数要求300~500 字。写完后先拿给你爷爷看，他是初审。如果你爷爷觉得还可以，就推荐给你妈妈看，她是二审。如果你妈妈也觉得好，就交给我看，我是终审。我觉得可以，够发表水平，就把你的日记张贴起来，这就是发表了，最后我会根据日记质量和字数给你稿费。"

一开始，为了不让儿子灰心，他每写 3~5 篇日记，我都会付给他一篇 10 元左右的稿费。后来儿子写日记的水平越来越高了，我对他的要求也就苛刻起来。有时儿子交给我终审的稿件 10 篇都不中一篇。这时候他往往很灰心，我就鼓励他："哎——这点挫折算什么？想当初你老爸我投 100 篇没一篇发表，我还不是坚持下来了？"

就这样，儿子为了多赚稿费买他喜欢的东西，就坚持不懈地写作。一学期后，儿子的作文在学校举办的作文大赛上夺得了第一名。两个学期后，儿子参加全市小学生作文大赛，又获第一名。儿子现在对写作越来越有兴趣了。

（周国勇）

33 给孩子评日记

我们就你一言我一语地交流，爸一行妈两行地写评语

日记是孩子写的，但参与的人是全家。孩子的每一篇日记，我们都让家里尽量多的人参与点评、交流，特别是日记内容涉及的人，更是首要的。所以小丫头写日记的热情一直很高，一写完，她就这屋那屋地追着家人，读给大家听。我们就你一言我一语地交流，爸一行妈

两行地写评语。

有一回，丫头妈妈烫发了，她就写了一篇这样的日记：

烫发的妈妈

今天，妈妈去烫发了，这可是她第一次烫发。好期待她的新造型呀！

晚上7点，美女现身了！

乌黑的直发不见了，满头都是棕色的卷发。一缕一缕，全是竖起来的小浪花卷儿。妈妈一甩头，调皮的小浪花卷儿们就跳起舞来，有的左右摇摆，有的上下弹跳，还有的边摇摆边弹跳。

这也太迷人了！你瞧，老爸的眼珠子都要掉出来啦！

评语：

烫发后的妈妈真的很迷人，读完你的日记，爸爸觉得妈妈更迷人了。特别是从第三段，爸爸跟你学会了如何欣赏烫发"美女"，谢谢啊！（爸爸）

宝贝，妈妈烫发后本来不是很有信心，可看了你的日记，我感觉自己简直就是一个超级女神！特别是最后一段，对你老爸反应的描写，更让妈妈觉得钱没有白花。谢谢宝贝！（妈妈）

（宋晋刚 闫露露）

34 "夸"要大张旗鼓

你看我儿子写得好不好？写得真好

著名文学家沈从文的儿子沈龙珠说：

"我父亲从小教我们如何写作文，希望我们有什么想法就写什么，从来不做任何限制。记得我弟弟沈虎雏小时候曾写过一篇作文《我的后妈》，说自己有了后妈，对自己如何不好，如何虐待自己。显然都是没有的事。但我父亲非常高兴，我母亲也非常高兴。父亲觉得写得非常好，还到处拿着这篇作文给朋友读，得意地说：'你看我儿子写得好不好？写得真好！'

"我们小时候写东西，都是被他这样鼓励的。记得我遇到过一位小学语文教师，很认真，我的每篇作文都批改得很细致，改好几遍。我父亲很感动，也是拿着这个作文本到处给别人看，夸赞这个语文老师负责任。"

35 "夸"要从小抓起

到我家来的客人都夸女儿故事讲得好

早在女儿三岁的时候，有一天，她睡觉前讲了一个小故事，我就把它记录下来，双休日时大声朗读给所有家人和客人听，还打电话告诉远方的亲人。

在我的小题大做、无限夸张中，女儿"表达"的这一星星之火被我鼓捣成了燎原之势。但凡到我家来的客人都夸女儿故事讲得好，女儿自豪极了，更喜欢讲故事了。打那以后，她每天晚上主动讲一个童话故事，会写字以后就自己写下来。

这些故事有长有短，长的有好几百字，短的就一两句话；内容越来越丰富，有想象的，有观察的，有发感慨的。无论是什么，我都只找里面用得精彩的字、词、句、段，画上波浪线，评为"优"。对于女儿来说，无论长短，只要是自己写的，妈妈都认为是好作文。就这样坚持下来，女儿现在9岁了，觉得写作文不是一件难事。

（叶林）

36 "夸"要在点子上

孩子的学习兴趣金不换

"妈，今天我不想写了，手累得慌，我说你打吧。"女儿笑嘻嘻地凑到我的电脑前。一般情况下，我都有求必应，时不时当当她的"秘书"，让女儿体会一下"李白们"出口成章的豪迈，给了女儿新奇的刺激。

"好，今天写什么呢？"我停下了手里的工作，给她新建了一个文档，女儿十分高兴。

"嗯……就写吃红薯吧！"女儿在书房里开始来回踱步，大文豪们当年是不是也这样？

　　说实话，我家孩子哪有出口成章的本事？妈妈心知肚明，不过教育的法宝就是激励和鼓舞！只要她愿意说，哪怕结结巴巴，哪怕来回修改，妈妈都愿意成全，关键是兴趣！孩子的学习兴趣是金不换的。

　　"我们来到卖烤红薯的老大爷身边，像一群馋猫，围着老大爷打转。"女儿已经在说了，我赶紧打出这一行，大叫："太棒了，比喻句用得形象！"女儿听了笑眯眯的。

　　"还能把当时的动作说得更具体些吗？"我趁热打铁。

　　"再加个词，'我们蹦蹦跳跳地来到卖烤红薯的老大爷身边，像一群馋猫，围着老大爷打转'。"

　　"好的。"

　　"红薯很香，妈妈给我们每人买了一个，热腾腾的烤红薯拿在手上真暖和。我撕开皮，薯肉露出来了，我忍不住大吃一口，烫啊！"女儿说到这儿，我们共同回忆起她被烫时的样子，母女俩哈哈大笑。

　　笑完后，我问："女儿，烤熟的红薯是什么样的？你为什么要急着吃呢？被烫了干吗又不吐出来呢？你能说得更清楚些吗？"

　　"嗯……对，我想起来了。"女儿停止了踱步，也凑到了电脑前，"妈妈，你这样改……"

　　就这样，在愉悦的气氛中，女儿一边被我夸着，一边被我问着，来来回回地修改着，一篇作文很快就完成了（妈妈的打字速度也很快，再夸一个）。孩子一点儿也不累，作文完成后很有成就感。

　　当然，我们母女也有闹矛盾的时候，有时候我认为孩子用词不准确，可孩子说那是她的特色，就愿意这样用，有时还要为此吵起来。"学术"争论嘛，在所难免。至今为止，妥协的次数各半，算打了个平手。

（叶林）

37 "棒，棒，你真棒！"

做孩子作文的好读者，鼓励和欣赏她

有些人说，喜欢阅读的孩子，一般不喜欢写。这个似乎不是太准确，我个人认为，爱读的，大都喜欢写。我女儿就是又喜欢读又喜欢写，可能在一定程度上也是受到我的影响。我是一个非常喜欢读读写写的妈妈。

每次我给她检查作文，帮她把作文打到网页上去时，我都是很享受很愉快的感觉。我对她的作文，几乎都是充满愉悦和欣赏的态度。这种情感也确实是发自内心的、毫不虚伪的。我发现，孩子在这个过程中也是开心和快乐的，她也享受别人与她分享自己文字的过程，于是越发爱写作文了。所以，如果能做孩子作文的好读者，鼓励和欣赏她，直夸"棒，棒，你真棒"，她就会更喜欢写。

（诗书妈）

38 "等，等，耐心等！"

一次次愉快的体验累积，孩子爱上了写作

我让孩子爱上写作文，至少花了半年时间。刚开始，我一直鼓励她，让她很高兴。可是高兴过后，她总是说："妈妈，我还是不喜欢写作文，写得我的手好酸啊！"后来她会说："妈妈，我现在慢慢地

有点喜欢写作文了，就是手好酸。"这个过程真的有点长。我有时候想：孩子是不是都这样？是不是要等到成人以后才会喜欢写？⋯⋯"等，等，耐心等！"

我一直坚持给她打小红星、写积极的评价。当她写出一些比较好的词句时，我就非常夸张地表扬她，什么"小作家"呀、"你的作文没有最好的——因为，只有更好。你只会一篇比一篇好"呀。其他家长对她作文好的评价，我也一一转达给她，让她不断获得肯定⋯⋯只要我能够想到的，我都用上，目的只有一个：让她爱上写作。

每次等我改完作文，她就会很兴奋地数一数小红星。她最喜欢看我给她写的评价，因为"那上面写的都是好的，从来没有不好的"。就这样，一次次愉快的体验累积起来，终于让她爱上了写作。

（诗书妈）

39 "写，写，写小说！"

写作前的准备，看似可有可无，其实是必须的

小乐上初一时，世界环境日快要到了，老师为此布置了作文。怎么下手呢？环境，这个范围太大，小乐显得很头痛。我知道，这样的思考是好事，他已经不满足一般的思路，想出点新。所谓出新，一是内容，二是形式。哪方面可以出新呢？小乐说他想写世界各地人们的环保理念。但这个范围很大，内容难出新，只有想想巧妙的结构了。

小乐的床头有一个地球仪，他顺手把地球仪摸着快速转了几圈。

"哎，有了，我就用卫星来扫描地球，找四个点，写各国各地区人们的环保情况。"我说，这个主意不错，操作也简单。于是，《一颗人造卫星的日记》就诞生了，他用拟人的手法，以卫星的口吻，写了亚洲和美洲、欧洲、非洲四个地方不同的环保细节，再加上几句前言、后记，文章就像样了。

小学四年级的暑假，小乐在乡下的爷爷家待了很长时间，回来后，我看他的周记里有一篇《我晒黑了》。我读后发现，他不写其他，只从晒黑着手，写他快乐的暑期生活，特别是他和爷爷一起做一些"体力活"，很有意思，从中既知稼穑之艰辛，又体味了粒粒辛苦，真是件好事。于是我就怂恿小乐：《少年文史报》经常有学生的习作发表，你何不寄去试试？结果，他的文章被放在显著位置发表，还得了12元稿费，他的语文老师也为他高兴。

初二的暑假，小乐读了笛福的《鲁滨孙漂流记》后忽然心血来潮，表示他也要写一部类似的小说。小说可不是那么好写的，他冥思苦想，一会儿去查中文辞典，一会儿去翻英语辞典，一会儿又去看什么世界地理，折腾来折腾去，大约有一周时间，他的"现代版的《鲁滨孙漂流记》"终于"杀青"。

对于他这一万多字的劳动果实，我当然要装得兴致勃勃，不管写得怎么样，都要给他高度的评价，因为这是他自己琢磨出来的。小说虽然后来不了了之，但他已经深知写作的难度了。那些写作前的准备，看似可有可无，其实是必须的。现在有很多孩子都在写武打小说、玄幻小说，内容无非是打来打去，冤冤相报，男女情仇，南宗北派。这种写作过过瘾可以，但收益实在不大。

（白乐天）

40 "开心"比"引导"重要

"开心"就是孩子的"灵感"

有好几次，孩子写作文都是写了第一句话之后，就不知如何往下写了，呆呆地坐在那儿；随着时间的流逝，孩子越发急躁。我只有耐心地引导他，启发他的思路，他才能顺畅地写下去。

上一次写大明湖春游的作文时，我下班回来得比较晚，他的作文草稿已经打好了。我一看，还真是挺惊喜，作文不仅写得条理清晰，而且描写也很细致，最重要的是孩子把在课文中学到的描写景物的方法灵活运用到了自己的作文中。我啧啧称赞，问他："为什么这次的作文独立完成还写得这么好？"孩子说："因为今天看到的景物很漂亮，而且玩得很开心，老师还表扬我表现好呢！"原来是"开心"让孩子愿意写，是"开心"让他把文章写得好。他还告诉我，写到湖面时，就自然而然地想到了课文中描写湖面的句子，就仿照着写。

其实我们都知道，写作时的灵感非常重要，一旦灵感来时，便有"文思如泉涌"的感觉，文章也写得酣畅淋漓。

"开心"让孩子对事情印象深刻，"开心"让孩子写好作文，实际上"开心"就是孩子的"灵感"。这让我反思，在今后的生活和学习中，能不能让孩子"开心"地观察生活、"开心"地读书、"开心"地告诉别人他的快乐呢？当然这种"开心"不仅是指真正的快乐，还包括对孩子心灵触动较大、留下较深刻印象的人和事。

（赵培源妈妈）

41 "兴趣"比"技巧"重要

写作技法自己悟得到，没有兴趣就什么都没有

很多低年级的孩子，都被家长带着去上写作兴趣班。孩子虽然老早就知道了写作的一些技法，但是写出来的文章都是一个模子。

有一次群聊，说到引导孩子写作文，老吴写给我一段话，让我非常震动——

"不知道你的孩子是不是学过画？如果学过画的孩子，都会有这样的经历：最早老师只让孩子画，让孩子找感觉，所以孩子画的东西，大人是看不懂的。等孩子的观察方法和想象力提升了，才开始教孩子技法，这时候孩子才能画什么像什么。可是如果一上来就教孩子技法，孩子画得很像，那么这个孩子和画家就无缘了。"

关于绘画，我不是很懂，但是我知道儿童绘画重要的不是像不像，而是儿童想象力的培养。女儿学了几年儿童画，我一直非常注意保护她的想象力。可是我没有想到写作和绘画居然也是一样的道理。

我真的非常感谢老吴，谢谢他的直言不讳！

我们家女儿，现在好像还不能辅导。偶尔一辅导，她反而慢了。让她自己写，那真的是"文思泉涌"。所以我愈发觉得，孩子的作文，真不是刻意"辅导"出来的。最近我说她"下笔如流水"，她很高兴，经常问我："妈妈，你说我下笔什么水？"我告诉她："下笔如流水——不是流水账的流水，是美妙的流水音的流水哦！"她现在对写作是越来越有兴趣了，这让我很欣慰。

我想，随着孩子的写作越来越成熟，很多写作技法她自己就能感

悟到，并理解、掌握。当然，写作文肯定需要一些技巧和章法，如果要辅导，不如先在兴趣上下工夫；关于技法，还是等她再大些，我和她可以慢慢地更深入地探讨。

（诗书妈）

42 "体验"比"指导"重要

和孩子一起去寻找素材的过程最重要

很多家长说，我们不会指导孩子写作文；每次一布置作文，全家人都帮着在一大摞作文书上找范文，然后改头换面地抄，以应付学校要求的作文。这样做有用吗？下次还要抄，下下次还要抄，什么时候才能自己写？当抄作文成为一种习惯，哪个孩子还愿意写作文？

我觉得带孩子去体验、观察，和孩子一起去寻找素材的过程最重要。老师布置过环保方面的作文，我就带畅儿沿着护城河走了一圈，看哪儿的水清澈，为什么；哪儿垃圾成山，原因是什么。看一看，想一想，说一说，然后放手让孩子去写。这周，老师要求看一部革命题材的电影写观后感。畅儿爸下载了《闪闪的红星》，陪畅儿看完，此刻畅儿正在写。我一直主张写前要多交流写什么、怎么写，写后也可以指点哪儿好、哪儿不好；写的过程中家长要离开，由孩子独立完成。

（畅儿妈妈）

43 "写长"比"写短"重要

长是短的基础，先练写长，后练写短

孩子需要老师和家长的鼓励。在写作上，我会认真对待孩子写的每一篇文章，哪怕很差很差，我也会认认真真地给她一个评语。

看到孩子的进步，特别是她作文中的好句子，应当及时表扬，给她以信心。还要鼓励写长，避免写短。因为小学低年级还不是写精、写短的时候，也不是要求详略得当、主次分明的时候。我对女儿的要求一般是：老师要求写150字，我就把字数提高到200字。上星期老师让写"合作"的作文，女儿就写出近500字。只要她作文写得很长，我就要大大地表扬，啰啰唆唆也没有关系。

为什么要鼓励写长呢？我觉得无论大人还是小孩，作文的一个通病就是"无话可说"。小时候不练习写长，长大后连短也写不好。也就是说，长是短的基础，先练写长，后练写短。短就是精，我想孩子才上二年级，是没有能力做到精的。如何指导女儿写长？举例说，女儿一年级写日记"今天我很高兴"，我就提醒她：今天是个什么日子呀？今天天气如何呀？为什么高兴呀？"很高兴"是个什么感觉呀？采用这样的办法，引导她写长。

44 "尊重"比"要求"重要

满心欢喜地接受孩子的童真童趣

儿童对世界的观察、领悟与成人是截然不同的，因而习作中所选取的角度与素材也往往是从其年龄段出发，更为感性和直观。此时，家长就要改变自身的思维定势，尊重孩子独特的个性体验，这样就会在孩子的日记中发现童心，寻找到久违的"童年快乐"。

一个周末，我们一家来到了扬州著名的旅游景点——东关街游赏。这里古色古香的青砖建筑、饶有特色的店铺文化，无不吸引着我们。特别是一幅扬州刺绣艺术品深深地打动了我们：一位村姑正在为一名受伤的八路军战士挤出乳汁进行救治。这不正是抗日战争时期广大人民以自己的行动保家卫国的真实写照吗？我想，女儿的作文一定有内容了。

然而，当晚上女儿坐在书桌前写日记的时候，我发现这么多有情有趣有深刻内涵的东西她不写，独独写了逛完东关街之后吃的棉花糖。其中她写道："妈妈咬了一下棉花糖的最上方，一大团'棉花'粘在了妈妈的嘴上，风一吹，还飘呀飘的。我觉得妈妈有点儿像'红胡子老爷爷'。我也咬了一口，这下，我也变成'红胡子老爷爷'了。"稚嫩的语言当中不正写出了孩子自身的情感体验吗？为什么非要让她按照我们的想法去实现成人化的描摹呢？于是，本想摇头的我满心欢喜地接受了女儿可爱的"棉花糖"。

女儿现在正上小学二年级，已有好几篇习作在学校的《油苗文苑》上刊载。我相信，做个有心的家长，我们都会在陪伴孩子成长的过程中体味到童年的快乐！

（毛晓英）

45 "引导"比"放任"重要

一个故事、一句诗、一句俏皮话都是写作文时需要的

每次儿子写作文的前几天，我就开始把和作文有关的内容渗透给他，一个故事、一句诗、一个成语、一句俏皮话都是他写作文时需要的好东西，有心的孩子一定会记住并使用的。

前些日子我带着儿子去漂流，一个大浪袭来，我们的船几乎被水淹没了，我随口吟出："君看一叶舟，出没风波里！"儿子听了，赞许地说："还真是这么回事！"

水势多变，船在水面上千姿百态，我带着船上的大人、孩子一起说了一组"……时而……时而……"的句子，大家都是有感而发，兴致盎然，你一句，我一句，现场气氛很是热闹，看似有口无心的对话，其实都是为写作服务的。

孩子的潜力是无穷的，就看你怎么去发现，去引导，去挖掘。世上从来不缺千里马，缺的是伯乐！

（芷欣）

46 "真实"比"虚构"重要

只要写出真情实感，就是好作文

时下很多学生写作文都有一个特点——敷衍，要么前言不搭后语，胡说一通，要么抄袭范文，应付了事。我儿子以前写作文也是

"拿来主义"，从作文同步训练和优秀作文集上抄。我批评他，他还振振有词：既然有"江洋大盗"，为什么不能有"作文大盗"？

儿子曾经写过一篇作文《我的母亲》，写妈妈在他晚上写作业时给他送来一碗热乎乎的汤面，他看到妈妈两鬓斑白，非常感动。

我一看，哭笑不得。这不明摆着胡说乱抄吗？他妈妈哪有那么老？

我问儿子：为什么不自己写？儿子说，不知道写什么，好像自己没什么可写的，作文集里那些作文中发生的趣事，自己似乎都没有。

我笑了，告诉他："世上绝没有完全一样的两片树叶。同样，大千世界，人的生活环境、生活经历和感受也绝不相同。你应该感受到自己的父母与其他人的父母不同的地方。作文就是要写自己经历的事，不一定很有趣、很吸引人，只要写出真情实感，就是好作文。"儿子说他试试。

妻子的企业效益不好，工资很低，而且每月只能领到80%的工资，所以她在家属区开了一个小杂货店。儿子见妈妈很辛苦，不仅顾着家里和单位的事情，还要照顾小杂货店的生意，百忙之中还惦记着他的学习，心里有了一些触动。于是，放学后儿子也经常到小杂货店帮忙。

后来，儿子自觉地重写了作文《我的母亲》，他妈妈看后感动得掉了泪。

儿子这才有了深刻的体会：真情实感离不开生活细节，细节的多少，反映出作者对生活的体验程度，也直接关系到文章的真情实感。

后来有一天，我检查儿子的家庭作业时，看见他放在桌上的日记本，随便翻了一下，发现有一篇写得非常好。他写道：

那天晚上，我刚睡下，就听见隔壁的爸爸妈妈在说话。虽然我知道偷听别人的谈话不对，但还是忍不住想知道父母在说些什么，因为他们好像在说我。我努力地听，听到妈妈抱怨我道："咱们这孩子学习还是不够努力，上次考试成绩几乎没什么进步，去开家长会时，我都感觉怪不好意思的。"爸爸却说："孩子的学习虽然进步不大，可是你有没有发现孩子懂事了、长大了？你看你上次生病，他主动帮助做饭，还把药和饭送到你床边。他知道疼人了呀！"妈妈似乎笑了，表示赞同。偷听完爸爸妈妈的对话，我暗暗想，自己真的长大了吗？我不由自主地想起了姥姥。姥姥是个家庭妇女，没读过什么书，但特别关心我的成长，常让我与桌子比高，让我站在门框旁边，给我的身高画线。姥姥一直盼着我赶快长大。我意识到：自己应该努力做好事情，学习好，让爸爸妈妈满意，让姥姥开心……

我觉得儿子的这篇日记既有细节描写又有心理描写，还有思考和总结，的确不错，就大大地表扬了他，然后给他提了一些修改意见，让他改写成作文。

后来，儿子改写后的这篇作文不但被醒目地张贴到了教室后面的"学习园地"，而且投给报社也发表了。

儿子又在日记里写道："我开始喜欢写作文了，原来写作文就是说自己的心里话、快乐的事、悲哀的事、困惑的事、好奇的事……"

（李多）

47 "批改"比"写作"重要

改罢一段就朗诵一遍，看语气是否通顺

我国著名教育家叶圣陶先生有二子一女。子女在上学期间，课余之暇都自觉地拿起笔来进行写作练习，几乎每个星期都要交一篇习作给父亲。至于写什么，则由自己定，叶老从不出一个题目硬逼孩子去写。不过，叶老有个要求：即使是练习，也应该写自己的话，表达自己的真情实感。孩子们照父亲的主张去做，觉得可写的东西确实很多，用不着胡编，也用不着硬套，而且写出来的东西决不会雷同，多少还有点新意。

孩子们的作文交上来，叶老的批改是严格的。

吃罢晚饭，碗筷收拾过了，油灯移到了桌子的中央，叶圣陶戴起眼镜，坐下来给孩子们改作文。他不像老师那样在子女的文章上画画改改，而是边看边问：这儿多了些什么？这儿少了些什么？能不能换一个比较恰当的词儿？把词儿调动一下，把句式改变一下，是不是好些？……遇到他不明白的地方还要问孩子：原本是怎样想的？究竟想清楚了没有？有时候，兄妹们你一句我一句，互相指责、争辩，而父亲从不责怪他们。

有时候，父亲指出了孩子们作文中可笑的谬误，孩子们就尽情地笑起来。每改罢一段，父亲就朗诵一遍，看语气是否通顺。叶圣陶称这样的教法为"引儿学步"。在他的循循善诱下，孩子们自奋其力，进步很快。很小的时候，他们的作文就得到朱自清等先生的好评。后来，出版社还出版了他们兄妹三人的习作集《花萼》和《三叶》。

48 "做人"比"作文"重要

滴水可以穿石，积少才能成多

随着在报刊发表文章的次数越来越多，儿子慢慢地关注起稿费来。记得有一次，儿子在一家晚报社得了10元稿费，编辑通知我们自己去领，因为该报社规定：不给外地的作者邮寄稿费。我正想让儿子去报社看看，体味体味那种亲自去领稿费的兴奋，也借机让孩子见见世面，就带他专程赶到那家报社。当编辑从财务那儿领来一张10元的钞票交到我们手里时，儿子忍不住低声发牢骚："怎么才这点钱？"

的确，一篇文章10元钱，光等，孩子就等了一年，最后还是自己来领的。光是从我们住的旅馆到报社打车的钱就花了20元，更别说从家里到这里的路费和其他开销了。

可是，我觉得事情不能这么看。我告诉儿子我隆重地带他来领这10元稿费的动机：一篇"豆腐块"文章不起眼，10元稿费也实在微薄，但它值得珍惜和纪念，因为它是自己的劳动所得。滴水可以穿石，积少才能成多，一次次小小的进步，积累起来，最终就可能是一个惊人的跨越。作文如做人，看淡名利，写作才能忘我，才能写出优秀的作品。

我的话对儿子触动非常大，他从中真正地体味到应该如何对待名利、对待写作和学习，以及如何对待人生。中考时儿子考场失利，我托人把他送进某重点学校重点班。那个学校的学生成绩非常好，儿子在班上的名次只能排到第30名。他暗暗告诉自己"慢慢积累"，一步一个脚印地努力。经过两个月的努力，儿子向我报喜："爸爸，我前进了一名，考试成绩排到第29名了！"我向他竖起大拇指，鼓励他再接再厉。又过了半个学期，儿子又向我报喜："爸爸，这次我已经进入前20名了！"后来，儿子一步步考上了大学、考上了研究生。

（李多）

49 "灵魂"比"财富"重要

博文写自己的情感和思考，是储存灵魂的地方

我爱好写作，发表了许多文章。我把它们记录在自己的博客里。

儿子也有博客，却尽放些转载的八卦新闻或自己随心所欲涂鸦的东西，毫无内涵和价值。

于是，我告诉儿子，有这样一个民间故事：一个财主有很多很多的粮食和财宝，他盖了一个很大很大的房子，打算把他的财宝全部储藏到房子里。可是，神问这个财主：财富占满了房子，那你的灵魂放到什么地方呢？

儿子不明其意。我说："人什么时候都要清楚什么才是最重要和最有价值的。博客虽然给我们提供了一种轻松、随意、快捷的生活方式，但我们也不能随意地对待它。何不把你真实的心灵感悟，还有你已经发表的对你很重要的那些文章放进博客里，跟同学们交流呢？"

儿子恍然大悟，连忙把他发表过的一些作品发到博客里。结果，儿子的博客很受欢迎，同学们不仅称他为"小作家"，还向他学习写作经验，他自己也结交了几个高年级的写作高手。

后来，儿子在博客上说："现在我知道，写博文也不能敷衍应

付，博文写自己的情感和思考，是储存灵魂的地方。"

现在，看看儿子的博客，再看看他之前自己装裱在镜框里的那篇"得意之作"，我幸福地笑了。是啊！孩子有了快乐的起步，谁能说他将来写不出真正的佳作、成不了真正的作家呢？

（李多）

50 "习惯"比"赚钱"重要

养成爱读书学习的良好习惯，会受益一生

写文章能得到稿酬，这是写作功利的方面。但得稿酬不应该成为写文章的唯一目的。写文章入了行，想拒绝稿酬都不可能。得稿酬是自己劳动价值的体现，稿酬的多少一定程度上也是自己写作水平的体现。多写多得，优稿优酬。这是我希望女儿接受的稿酬观。

第一次得稿酬，因为自己也能"赚钱"了，女儿幸福得发狂，恨不得让全世界的人都知道。结果稿费全部被我们"敲诈"掉：我们建议她请我们吃饭！我说："爸爸妈妈请了你那么多次，你为什么不用自己挣的钱请爸爸妈妈一次呢？"女儿欣然同意。

事实上，那顿饭花去了她得的20元稿费不算，还贴进了我们的不少钱，但名义上是女儿请我们。随着小稿费渐多，我们为她单独在邮政储蓄所立了一个户头，对她如何支配稿费提出了条件。买书的钱，大部分是我们出的，但我们记在她的账上，告诉她是用稿费买的。去乡下奶奶那里，送给奶奶的营养品，我们也动用了她的部分稿酬。她

和奶奶有感情，当她告诉奶奶"我是用自己的钱孝敬您的"时，奶奶乐得合不拢嘴，女儿也骄傲得真把自己当成了大作家。女儿过10岁生日时，要请班上几个要好的同学吃饭，我们也要求她花自己的钱。

现在，女儿很关心自己的储蓄卡上还剩多少稿费，我们不允许她掉进"钱眼"里，但会借机鼓励她多写。有时候我们自己也好笑：我们是在充当她的经纪人吗？我通过身边许多成功的或不成功的例子发现，一个人将来发展得如何，跟他是否有崇高的、值得奋斗一辈子的理想有关。

我见过许多聪明的人，他们的终极理想是"考上大学"，考上了，于是乎就放弃了继续努力，也就"泯然乎众人矣"。多挣稿费，这不是我引导女儿树立的"远大理想"；鼓励几岁的孩子多挣稿费用来潇洒，这也不是做父母的应该做的事情。我只是想告诉女儿，劳动以及通过刻苦学习培养成的技能，是可以创造财富的；创造性的劳动需要更多的技能和努力，得到的也会更多。至于将来是否一定要让她成为才女作家，那倒在其次。自小养成爱读书学习的良好习惯，掌握一定的写作技能，我想，将来无论做什么工作，都会受益一生。

（张正）

第 **3** 辑
观察口述篇

如果你和孩子有一些闲暇的共处时光，你想做些什么？

你愿和他一起讨论一本你们都读过的精彩好书，

并扮演不同的角色吗？

你愿和他一起种下一粒种子，

并满怀欣喜地观察它破土、发芽、长大吗？

你愿和他在黄昏时手指着那些被晚霞染红的云朵，

诉说各自天马行空的想象吗？

你愿和他去野外寻找四叶草，

看那么多相似的叶子里的细微区别吗？

你愿和他一起聆听一段美妙的音乐，并为之感动、静默不语吗？

如果有更多的钱、更多的时间，

你愿带他远行，感受各地的风土人情吗？

所有这一切，都是希望能培养他敏锐观察和感受事物的心，

以及越来越能发现美的眼睛……

51 "体验"观察

使用不同的词语描绘看到的东西

　　生活是创作的源泉，写作文如果没有真实的生活体验，将会显得有气无力、干瘪无味。小学生的作文经常要写一些观察日记，如植树、种草等的过程，我觉得这是引导孩子观察和体验的好方法。幼儿阶段其实也可以尝试一下，我采用的是体验观察法。

　　例如，春天的时候可以养养蚕，带孩子去寻找桑叶，给蚕换叶，倒蚕屎，观察蚕的生长变化过程、蚕吃桑叶的过程、蚕吐丝结茧的过程等；也可以带孩子亲手播下花种，给它浇水、松土，观察植物发芽、破土、生长、开花、结籽等过程。夏天可以带孩子去钓鱼，在现实中演一把"小猫钓鱼"的游戏；也可以把孩子带到游泳池里，即使他不会游泳也没关系，可以让他体会漂浮在水中的感觉……家长们只要耐心引导，不久就会发现孩子已经学会使用不同的词语描绘他所看到、听到的东西，会描述这些事情对于小小的他有多奇妙的感觉，而这些正是孩子以后写作文所需要的素材，有了这些，您还会愁孩子的作文无话可说吗？

52 "现场"观察

秋天的风和夏天的风吹在脸上，感觉有什么不同

女儿刚上小学三年级，周末，老师布置了一篇作文《家乡的秋天》。女儿手托腮沉思了半天写不出一个字，于是向我求援。沉吟一会儿后，我有了办法。

我决定先带女儿去领略秋天的田野，女儿很兴奋。路上我让女儿观察两旁的树，看看树叶与春天和夏天相比有无变化，并用脚踩一踩地面的落叶，体会一下是什么感觉；又叫女儿看看头顶上的天空，问她看到了什么，阳光照在身上跟夏天是否一样；我还问女儿有没有风，秋天的风和夏天的风吹在脸上，感觉有什么不同；路过一条小河时，我特意停下车，教女儿认识河里的芦苇，还让她看一看芦苇从上到下的叶子有什么变化；接着我又让女儿观察河里的水是不是很清澈，得到女儿肯定的回答后，我又问她凭什么知道河水很清澈，女儿说她看到了河底的水草，还看到了几条小鱼在水里游；我又让女儿眺望远处的水面，看一看微风下的水面是什么样儿。

走在田野的小路上，我让女儿观察路旁的小草是什么颜色，草丛间的蝗虫的体色与小草是否一致。我们还惊奇地发现路旁几株牵牛花正盛开着，紫红色的花冠环抱着黄白色的花蕊，再衬着水灵灵的叶子，煞是好看，女儿不禁发出惊喜的叫声，还动手采了一朵牵牛花。我忙对女儿说："假如你是这株牵牛花，现在会有什么感觉呀？"女儿愣了一下，低下头小声说："很疼，是吗？"我点点头，女儿的脸上立刻充满悔意。我知道，女儿或许以后再也不会随便摘花了。

　　在田野里，我教女儿陆续认识了玉米、大豆、白菜、山药和水稻。看玉米的时候，女儿还用手摸了摸大大的玉米棒；在豆地里，我着重引导女儿观看黄黄的豆叶和圆鼓鼓的豆荚；在白菜地里，我除了让女儿观察正在生长的大白菜外，还让她观察地里的农民们在忙什么，告诉她：庄稼的生长和丰收离不开农民们的辛勤劳动，要爱惜劳动果实；在山药地里，女儿奇怪地问我："我们平时吃的山药都是长长的、圆圆的，怎么现在山药藤上尽是小球似的山药蛋啊？"我笑着告诉女儿："我们平时吃的是山药的根，在土里藏着呢，现在看到的是果实。"女儿恍然大悟。

　　在一望无际的水稻田边，我先教女儿认识了水稻，然后让女儿比较一下水稻和玉米生长环境的不同，女儿很快发现了稻田里的水，正确地说出了答案；我还让她使劲嗅嗅鼻子，体验水稻的清香；最后我又带女儿来到田埂高处，仔细观察微风下顶着沉甸甸穗子的水稻怎样左右摇摆。

　　回来的路上，我和女儿在路旁还发现了一些不知名的花儿，有的是黄色的，上面还有两只小蝴蝶正翩翩飞着；有的花儿很小，是白色的，但数量很多，像星星，女儿调皮地把这种不知名的植物命名为满天星。

　　我还试着问女儿："家乡的秋天美不美丽？你爱家乡的田野吗？"

　　女儿立刻高兴地笑了，张开嘴，开始抒起情来……

（**王群**）

53 "无痕"观察

多出去走走，见得多必定识得广

作为一个好妈妈，我们的任务就是在生活中帮助孩子积累丰富的习作素材，让他们在需要的时候能信手拈来。

小学阶段的作文无外乎这样几方面：

写应用文（留言条、请假条、信、倡议书）；写人（同龄的、亲人、老师）；写事（难忘的、有意义的、有趣的……）；写活动、场景（班会、运动会、大队会、一项有趣的游戏……）；写景（校园里或公园里的一处景物）；写物（小动物、植物、静物、水果、蔬菜）；还有就是写想象作文。

我以三年级上学期的"写一处景物"为例，说说我导而无痕的具体做法。

按照教材的进度，学到这一单元的时候已经是秋天了，树木花草大多凋零。如果平时缺少观察，写起来将是一件困难的事儿。于是在春天树木刚发芽的时候，我就开始引导儿子去观察植物的变化，如叶子的大小、颜色的深浅、枝条的数量等，有时候我也做出感慨的样子，给他灌输一些好词佳句：描写春天的——"草色遥看近却无"、"万条垂下绿丝绦"；描写夏天的——郁郁葱葱、枝繁叶茂；描写秋天的——落叶像一群群黄蝴蝶在翩翩起舞；描写冬天的——光秃秃的，像一幅古画……

朱自清先生的《春》是我最喜欢的一篇文章，每年的春天我都会和儿子一起温习几遍。对于树木的高矮、粗细等，我采用对比的方法，如相当于几层楼高啊、几个小朋友能合抱过来等。有了这些资料，写这个作文还不是水到渠成啊！

为了孩子有材料可写，有感情可抒，家里面养几盆绿色的植物是很有必要的，哪怕是只养一盆仙人球。

如果您和我一样对养宠物不感兴趣，那也没关系，散步的时候总是能看到招人喜爱的小猫小狗，挑一个两个，仔细看看它的外形，再和主人聊聊它的习性，这小动物的作文不就搞定了吗？

那么静物怎么写？家里面一般都会有小闹钟、小摆设，看看它的外形（颜色、形状、大小），再写写它的功能和给自己带来的好处就OK啦！

写水果、蔬菜都是这个思路，咱看一看、闻一闻、摸一摸，最后再尝一尝，既享了口福又写了作文，可谓一举两得！

最后我再啰唆一句：做事儿的时候让咱的孩子多说一说，有空的时候让咱的孩子多出去走走，见得多必定识得广，见得多必定有话说，那作文还有何难？好妈妈就是一个好导演，我相信在你的精心策划下，咱孩子的作文一定会篇篇精彩！

（芷欣）

54 "玩伴"观察

我们就像玩伴，会参加很多的活动，让他在体验中成长

现在儿子像个小跟班一样，天天黏着我，甩都甩不掉，虽说偶尔也觉得烦，但都说男孩子上中学以后和父母一起的时间就变少了，他们更多的时间是和同学在一起或者自己独处，所以我特别珍惜现在的时光。

我们就像玩伴，会参加很多的活动，让他在体验中成长。我们一起参加3D打印机体验活动、一起露营攀树、一起徒步野餐、一起到公园寻宝、一起参观印刷公司、一起……我们还一起在家养蚕、喂鸡、养鱼、种树、养仓鼠、做实验……所有的这些都成了孩子写作的素材。每一次活动我都会拍照片保存下来。

三年级时写动物，家里的两只小鸡成了孩子写作的对象。对小鸡的习性、外形，孩子都很熟悉，写起来很顺畅。四年级再写动物，又换成金鱼。如果再写，他还可以写仓鼠、蝌蚪、蚕宝宝……这些曾经饲养过的小动物都可以成为他笔下的主角。

四年级写花，他写窗边的红星凤梨，写楼上花园的桃花、桂花、腊梅。这次写《我喜欢的花》就写的是石榴花。五月榴花照眼明，儿子先收集了石榴花的资料，又上楼仔细地观察了石榴花，原来在一株树上花的姿态大不一样：有的积攒着力量，准备怒放，就像一个红色的小葫芦，可爱极了，当风吹过，小葫芦就像敲着沙锤，在为夏之歌伴奏；有的还未完全开放，被萼片半包着，就像一个害羞的小姑娘裹着粉红的头巾，舍不得露出俏丽的脸颊；有的打开所有的花瓣，露出

黄色的花蕊，盛开的花瓣丝绸一般柔软细腻，花朵好似一个红色的火炬，吸引着蜜蜂穿梭其中；有的花瓣凋落了，只留下硬萼和花蕊，萼片有六片、七片、八片的，每一片都那么均匀，好像是谁用精密的仪器切割出来似的。

《一张旧照片的回忆》，他写宽窄巷子换物寻宝，换物成功后与阿姨的合影。《难忘的一件事》，他写克服困难，爬上软梯，上到大树的半腰溜索而下……

（唐莉）

55 "客观" 观察

眼睛像摄影机，耳朵像录音机，记下周围的事物

孩子怕写作文、写不出作文，很大程度上是由于缺乏对生活的观察。其实，作文的材料就在我们生活的周围。生活中我们每天会碰到许多人，遇到许多事；碰到的人、遇到的事就是作文的材料。如果能仔细想想这件事包含了什么道理，正确认识后将它写下来，就可能是篇好作文。

例如，有一天早上孩子去上学，背起书包就走，妈妈忙说："你忘了说什么了？"孩子赶紧说："噢，我忘了道别了。妈妈，再见！""这就对了，路上要小心点儿！"妈妈说着笑了。像这样的事似乎司空见惯，而小朋友却忽视了。而这恰恰也是个作文材料。

因此家长要善于引导孩子去感受、体验、认识生活，要注意留心

周围的事物，观察人，观察事，观察景，观察物，这样才能不断得到作文的新鲜材料。反之，写出来的文章则有可能枯燥乏味，缺少真情实感，甚至还会闹出笑话。

例如有一个孩子在写《我最敬佩的一个人》这篇作文时，其中有这样一段话："我叔叔是位出色的警察。有一次，叔叔发现一个小偷正鬼鬼祟祟地朝山坡那边奔跑，叔叔立即跨上摩托车，用脚一踩油门，便'呼'的一声飞了出去。"这一句话乍一看似乎并没有错误，但只要仔细想一想，便会发现摩托车的油门并不是用脚踩的，而是用手拧的。

再如另一个孩子在写《美丽的秋天》这篇作文时，其中有这样一段话："菊花颜色可真多呀，有红的，有黄的，有白的，还有黑的呢！菊花的形态可真奇特呀，有的像少女的卷发，有的像儿童的笑脸，还有的像初升的朝阳，连那些五彩缤纷的蝴蝶也经不住引诱，翩翩飞来，与它们比美。"这段话看似很精彩，但稍加思考便会发现，这段话也犯了与事实不符的错误：一般来说，菊花要到深秋时节才会竞相开放，而那时几乎就没有蝴蝶了。

这些孩子之所以会犯这样的错误，主要原因是没有好好地观察，都在想当然地写作文。第二个孩子可能去看过菊花，只是把自己没有看到过的事物也写到文章中去了，原本是想让文章增色添彩，结果适得其反。

因此，教孩子观察，要教会孩子如何积极启动耳、目、鼻、舌等感官去感知事物的声音、色彩、气味、味道等表象，这样写出来的文章才会符合实际，而不是想写什么就写什么，想怎样写就怎样写。我们的眼睛像摄影机，耳朵像录音机，记下周围的事物，为写作积累素材。

56 "买菜"观察

小丫头拿着钱包，领着我们，雄赳赳气昂昂地来到了农贸市场

孩子要写什么，我们就带着她去体验什么。体验前，先和孩子交流，根据作文的需要，做好计划，确定应该重点观察和感受什么，加强体验的针对性。体验中，根据重点，小丫头带上记录本，随时记录。体验后，我们再交流体验所得。这样，孩子写作时自然言之有物，能写出真心话，表达出真实感受。

例如有一回，老师让写一篇关于买菜的作文。为了写好这篇作文，我们召开了家庭会议，决定给刚上二年级的丫头设计一次"买菜"观察体验。形式是小丫头拿着钱包以家长的身份带着我们去市场买菜。去之前，我们交流确定了观察和感受的重点：市场上有哪些菜？你对哪些菜感兴趣？它们长什么样？我们买了些什么？怎么买的？有什么感受？

小丫头拿着钱包，领着我们，雄赳赳气昂昂地来到了农贸市场。刚开始，她有些不知所措，但很快就进入了角色。一会儿摸摸白菜，一会儿看看茄子，还时不时地拿出笔记本看看或是写写。最让我们忍俊不禁的是买土豆的时候，小丫头还有模有样地讨价还价呢！

体验结束，我们又一起将记得歪歪扭扭的体验记录整理归类，确定取舍。

下面就是这篇关于买菜的小作文。

今天上午，我带着爸爸妈妈去市场买菜。那里的菜真多，金灿灿的南瓜、紫莹莹的洋葱、绿油油的雪菜、噘着小尖嘴的辣椒、抱成一

团儿的卷心菜……哎呀！太多了，我的小眼睛都装不下了！

我们先买了红彤彤的西红柿，因为妈妈喜欢吃西红柿炒鸡蛋。接着买了一块肥瘦适中的猪肉，中午吃土豆炖肉。对了，还得买土豆。

一个老爷爷正在卖圆溜溜的土豆，我走过去问："爷爷，土豆怎么卖？"

爷爷笑眯眯地对我说："一块七一斤。"

"一块五行吗？"我望着爷爷问。

"行！行！"爷爷乐得眼睛眯成了一条线。

最后，我们买了豆腐皮，豆腐皮可是爸爸的最爱，如果不给他买，他是不会回家的！

通过这次买菜，我觉得买菜真有意思！

（宋晋刚 闫露露）

57 "生活"观察

去看看田野，闻闻花香，听听小虫的鸣叫

著名科普作家伊林在《大自然的文字》中说道："要学会大自然的文字，应当从小就常常到森林里或者田野上去走走，去注意观察一切东西。"南宋诗人陆游也说："纸上得来终觉浅，绝知此事要躬行。"现在的孩子，不乏书籍，不乏玩具，但最缺乏的却是与自然的亲密接触。而欠缺这一点，仅凭书本上现成的知识，孩子的眼界会很狭窄，认知力、行动力、空间想象力、对生活的感受力都会大打折

扣。因此，我经常利用节假日，带孩子到田间地头去走走逛逛，引领她去看看田野，闻闻花香，听听小虫的鸣叫……

其实，这也正是有意识地为女儿拓展生活的空间，提供写作的素材。我知道，培养孩子一双善于观察世界的慧眼，一颗热爱自然、热爱生活的心，是比什么都重要的。没想到，这样一来，女儿写日记的兴趣更浓厚了，而且还总能写出一些她独到的观察。

我教她的方法就是——用你的文字来"画画"，"画"出你看到的最感兴趣的东西。比如在茱萸湾观赏猴山上的猴子喝瓶装水后，女儿在日记中写道："它先用牙齿咬，使劲咬，再用爪子扒，使劲扒，费尽了九牛二虎之力，终于喝到了甘甜的泉水。我觉得它真厉害！"这是对其中一只猴子的描述。本以为猴子毕竟是动物，这种"喝法"是天性使然，不成想另一只猴子的表现却令我们无不佩服。"只见它两腿一夹，两'手'前后搓，一会儿就把瓶盖打开了。接着，这小猴用嘴'叼'住瓶口，一仰脖喝到了水。没想到水落进了鼻子里。于是它就把瓶子拿下来，倒在石头的凹槽里舔，好像在说：'真好吃，跟冰淇淋一样！'我觉得它真聪明！"这些都不是刻意地杜撰，而是记录了生活的本相。女儿在日记当中又一次体味了猴山一游的快乐，用"文字"当了一回"摄影师"。

（毛晓英）

58 "跟踪"观察

记一个实验的过程，记一粒种子发芽的过程

这可以培养孩子的观察习惯，也可以培养孩子的观察兴趣。

用这种观察法了解小生物的变化最有趣了！比如，孩子养了一只小鸭子，天天看它怎么吃食，怎么叫，怎么长毛，那他的观察日记肯定生动！又如，让孩子去看春天里一棵玉兰的开花过程，那也很妙，看着那白玉兰花一朵一朵绽开，记下它的开花史，很有内容可写。还有，记一个实验的过程，记一粒种子发芽的过程，都会让人觉得有内容可写。这样，不仅让孩子学会了用笔记录，而且也让孩子更全面地了解一种事物。

59 "特点"观察

观赏的重点不同，文章的内容也就不同

无论哪一种事物，都有自己的特点。比如写风景，必须把握风景的特点，春、夏、秋、冬都有不同的观赏景物。还有，不同的景点也有不同的特点，到孤山赏梅，去满觉陇赏桂，到曲院风荷赏荷……

观赏的重点不同，文章的内容也就不同。写人物的外貌和神态，同样要善于抓住特点。要用敏锐的眼光去发现观察对象的与众不同之处。

60 "变化"观察

抓住了变化，也就抓住了与众不同的特点

世上的万物都在发展变化，抓住了变化，也就抓住了与众不同的特点。比如夏令营安排去海滨看日出，太阳慢慢地从出现到升高，天际变化无穷；又如观察人的神态变化，小弟弟怎么从哭闹到安静；再如赛场上的观众怎么从平静到紧张，到激动……

还有气候的变化，马路上车流量的变化等。许许多多事物的变化都在一刻不停地进行着，当我们学会观察并记载这些变化，积累资料，文章的内容才会丰富和生动。

61 "感官"观察

看天空，看地面，看植物，看动物

用眼睛看，我们没法看见"冷"这种无形无色的东西，但可以看到因为冷而表现出的各种现象。看天空，看地面，看植物，看动物，看人的衣、食、住、行、玩，把看到的结果各写成一段，就有九段了，每段写上三五行，不是什么难事。以植物为例，没受过观察训练的人往往一句"树叶都落光了"就写不下去了。这既不真实，又没法往下写。如果把头伸到窗外看看就会发现：大部分树的叶子都掉光了，有的树叶枯黄了，但仍然留在树枝上；松树、柏树和万年青等没掉多少叶子，远看还是绿油油的，但近看就会发现它们的叶尖泛黄了……这不仅解决了"没的写"的问题，更解决了"要真实具体"的问题。

用耳朵听，我们能听到许多与"冷"有关的声音，如风雪声、人们的议论声等。单是人们的议论就很有内容："冷死了！""耳朵冻掉了！""我都成大冰棍了！"……选自己觉得精彩的、有特色的记下来，不是很有意思的一段吗？

用皮肤感触，用手试试自来水、地面、铁栏，自己往手上呵呵气，都会有明显的感觉。把这些感觉记下来，又是别致的一段。

需要注意的是："用多种感觉器官"不是说所有的感觉器官都非得派上用途，像写天冷，味觉就不必非写不可。

62 "玩中"观察

能拥有丰富的自然体验，是观察，也是写作

女儿的一篇作文，开头就是：

我的妈妈身材微胖，头发卷卷的。她很幽默，笑起来有两个酒窝；骂人的时候，跟狮子一样凶。

我说："妈妈的长相写得不错，但个性观察不够。"

"观察不够？"

"你不能光说妈妈幽默，要从日常生活里找出妈妈什么地方幽

默，才能精准地写出妈妈的个性。"

她想了想，想到两件事：

妈妈很爱讲笑话，跟她学书法的学生都要保持安静，但是她自己却忍不住，一直讲笑话，害得小朋友都在喊："老师，你安静点啦，我们的字都在跳舞了。"

"这点好。那还有呢？"

"妈妈的朋友很多，不管是大朋友、小朋友，大家都喜欢她。"

"这样太空洞了，你有没有发现朋友为什么喜欢妈妈？"

"妈妈很会玩游戏，阿姨们的孩子都喜欢找她玩桌上游戏。她玩的时候比小朋友还认真，笑得比大家夸张。"

女儿从玩中观察，找出了特点，强化了人物的个性。这种观察力，是写作的重要能力。

其实，小朋友最好奇了，他们原本就有敏锐的观察力。我们家女儿小时候，光盯着蚂蚁搬家就可以看好几小时。她每天都忙着问："那是什么？这是什么？"

趁着孩子正处在黄金童年时代，多出去走走，在游玩中练就观察力。

到公园，请孩子找出三片最美的叶子，练习用自己的话形容一下这三片叶子的特征，看看谁说得好。

走入林子里，用耳朵聆听现在林子里有几种鸟儿在歌唱，学一学这些鸟儿的歌声怎么叫，想一想它们可能在说什么。

鼓励孩子问"为什么"，当他们这么问时，表示他们在观察。

记得有一年搭船游漓江，漓江是百里画廊，两岸是奇石怪岩，女儿问："这里的山怎么会这么怪又这么美？"

我知道答案，但我觉得让她自己找比较有趣。

去银子岩溶洞时，她发现了："这里的山都是石头山，石头被日晒雨淋，最后才能雕出这种奇形怪状来。"

我让她继续往下想："如果一直日晒雨淋下去呢？"

"那最后山会愈来愈小，最后就……"她大叫，"不见了？"

我笑着点点头："别担心，那大概要再过一万年，那时你已经成了王老奶奶了。"

能拥有丰富的自然体验，是观察，也是写作。法布尔、杜瑞尔这些自然作家都是从小观察宇宙万物，进而写成大作。我们带孩子学写作，也可以从这里下手。

63 "聚焦"观察

观察时，要给孩子一个明确的观察目标

孩子好动，语言的积累要在游戏或日常生活中渗透。在带领孩子观察时，要给他一个明确的观察目标，使他能就某一主题"有感而发"。例如，冬日的早上我送孩子上幼儿园，一边走一边问孩子："叔叔阿姨和小朋友都穿了什么衣服？""树叶有什么变化？""自己是不是感到冷了？"孩子在回答我的一连串问题后，对冬天就有了具体的认识，为日后的语言表达积累了丰富的素材。

从孩子牙牙学语开始，我们就可以为其提供类似的情景刺激、实物刺激、语言刺激，使孩子对语言的掌握达到能认、能读、能用的水平。

64 "随机"观察

观察的习惯，要从小培养

女儿小的时候，我经常用车载着她到处转，看看田野里的庄稼、圩堤上的杂草、长江边的芦苇、小河里的鱼儿、早晨的农贸市场……世界对她来说，是陌生而丰富的，她经常没完没了地向我提出一些幼稚可笑的问题。

这就是她走进自然和社会的收获，我们应该抓住机会去引导。对她的问题有时候我也无所适从，只好陪她查阅资料，以便将问题彻底解决。女儿逐渐长大后，我也经常带她出去旅游，看看外面的精彩世界，感受祖国的地大物博。"走万里路，读万卷书"，让她从中得到"无穷无尽"的收获和乐趣。

有一天早晨，我带着她去农贸市场。在大门口，遇到一位乞讨老人。她凑上前，瞪着眼睛看看他，又仰着头看看我。我问她："你看着我干什么？"她有点茫然，马上对我说："爷爷真可怜，这么冷，还瘫在地上。"我说："是呀，那你想做什么？"她说："爸爸，你兜里有没有钱？给他点钱吧。"我说："我的女儿真好，有同情心。"走之后，她还不时回过头看。回到家里，我又问她："刚才那老人，你还记得吗？"她马上回答："记得，爷爷很可怜。""可怜在哪里呢？""他穿的衣服很少，脸上冻得铁青，前面还摆着小瓷盆。嘴里还念叨着：'行行好，给点吧！'没人关心照顾他。""你还能从哪些地方看出他可怜呀？是从他接过爸爸的钱的样子，还是从他的眼睛里流露出的哀伤神情？""还能从他破烂的衣服上看出来。""嗯，对了。你想到他为什么这样吗？""不知道。那他家人到哪儿去了？""我也不知道。你可以想象一下。或许是他儿女不孝，或许是他家里出现变故……""爸爸，我知道了，这老人家里一定有原因，不然不可能出来乞讨……"

观察在平时，随机观察。观察的习惯，要从小培养。

（刘先发）

65 "诱导"观察

只有细心观察，细节描写才更出色

很多孩子写不出作文，或者在老师规定的字数里不能做具体的描写，归根结底就是平日里观察不仔细。只有自己亲身经历过的，写出来才更感人，所以，平日里父母就得做有心人，和孩子在一起时，觉得某事有可能成为作文素材时，父母就得提醒孩子细心观察。只有细心观察，细节描写才会更出色。

如昨天儿子因中耳炎输液，我就提醒儿子观察护士阿姨给其他小朋友输液时是怎么做的。

儿子一共输液三天，前两天我发现他根本没有观察的意识，最后一天因我提醒了，他才有意识地去观察。考虑到孩子害怕输液，根本不可能在自己输液时仔细观察护士阿姨，所以我建议他观察其他小朋友输液时护士阿姨是怎么做的。

以下是儿子口述，我记录的：

阿姨在输液袋上扫了一下，广播里就传来了我的名字。我一听，心里难过极了，吧嗒吧嗒，一颗颗眼泪往下掉。妈妈把我抱上输液台，我伸出手，阿姨握住我的手，在手背上用力拍了几下，又用食指按按血管，以便找准血管的准确位置。阿姨又拿出棉签，在消毒液里蘸了一下，往血管的地方抹了抹，然后撕开一次性针管的袋子，拿出针管、拔掉针头套子，轻轻地刺入我的血管中，针头处有血流出。顿时，我感觉像被蚂蚁咬了一下。阿姨迅速地用胶带在针头处绕了很多圈，将针头牢牢固定，奶奶高高地举起输液袋，妈妈从输液台上抱下了我。

当时，儿子5岁3个月。

（晴空万里1225）

66 "回忆"观察

点拨，让孩子回忆起经历过的事情

儿子很调皮，喜欢机械、医学和探险方面的知识，对他喜欢的事物比较上心。但是在其他方面，如细致观察自然界中的万物，观察形形色色的生活等，基本上是自动屏蔽的状态。

掌握了他这种特性，在出去玩时我常常有意识地引导他观察生活。刚开始他会按我的引导去观察，但持续时间不长，注意力就又转到自己喜好的事物上去了。我尊重孩子的选择，不强迫他。这时我会帮他做生活中的有心人，细心记住孩子刚才看到的和听到的，在回来的路上或者家里，以聊天的方式让他强化当天的观察。平时，也以聊天的方式掌握他在学校里面的一些动态。

在写作文时，如果他不知怎么选材，我就会点拨他一下，让他回忆经历过的事情，顺利完成作文。比如上次写的作文《找春天》，放风筝的片断就是在泉城广场看到的情景，当时我就指导孩子观察了大鲨鱼巧追小燕子的趣景；而桃花片断的描写则是在游植物园时，我让他和桃花合了很多影，写作文时就有参考材料了。所以现阶段，家长和孩子都要做有心人，这样，辅导低年级孩子写作文时就容易与孩子的想法产生共鸣。

（赵培源妈妈）

67 "多角度"观察

不同的角度得到不同的结果

要教会孩子观察生活。观察，不论对于写作还是绘画，都是必要的一步。没有细致入微的观察，任何事物也无法表现出来。

观察有很多方式：用眼（视觉）、耳（听觉）、鼻（嗅觉）、舌（味觉）、身（触觉）、意（感受）。不同的事物还有多种不同的观察方法：由远及近（由近及远）、由外向里（由里向外）、由上到下（由下至上）、由前向后（从后到前）等。

我举一个简单的例子：

比如观察一棵树，远看它有树冠、树干、树枝。走到近处的时候，很多细节才能够看清楚，树冠、树干、树枝的形状、颜色、肌理等就会非常清晰地显现出来。还可以看清楚花、果的形态，甚至可以闻到花香、果香。根据不同季节，我们可以观察到春天的叶子、夏天的花、秋天的果子、冬天的树枝。

同样，我们还可以观察树的成长过程。播种、发芽、出枝、开花、结果，甚至树的衰败和死亡。当树被砍伐的时候，我们还可以观察树的内部结构。

从不同的角度观察，就能够得到不同的结果。对观察到的结果，我们可根据需要进行选择、提炼。

在家里可以让孩子观察喜欢的玩具。一般男孩子喜欢汽车、飞机、武器等玩具；女孩子喜欢洋娃娃、毛绒玩具。可以利用孩子的这些兴趣，引导他们把玩具的一些特点说出来，比如形状、颜色、功能等。还可以让孩子把玩过的游戏过程说出来。

只要把事物说清楚，转换成文字，再加上一些想象和联想，相信每个孩子都能写出属于自己的文章。

68 "侦探式"观察

到一个新地方，像侦探一样"侦察"一番

去年暑假，我带儿子去了两个地方：一个是他叔叔的养蜂场，另一个是他大姨家。

在他叔叔的养蜂场，我们遇到了一个买蜂人，他想买一只蜂王回去繁殖更多蜜蜂。可是这个买蜂人并不急于到蜂箱里去看蜂王，而是先在院子里坐下，和孩子的叔叔天南海北地聊天。聊天过程中，买蜂人看似随意地时不时捡起一些掉在地上挣扎的蜜蜂，举在眼前端详。聊了半天后，买蜂人才来到院子墙角的那一排蜜蜂箱旁。可即使这时，他仍然不急于打开蜂箱看蜂王，而是靠近蜂箱走了一圈后，趴在一个个蜂箱旁逐个用耳朵倾听。直到听完了所有的蜂箱后，他才选中一个打开，抽出蜂板，挑出了一个蜂王。

买蜂人走后，孩子的叔叔告诉了我们其中的玄机。原来，那买蜂人看似在聊天，其实是在观察蜂群的势头，看飞来飞去的蜜蜂群里采蜜的蜜蜂数目有多少、来回的次数有多少、是否姿态强健；捡起地上垂死的蜜蜂，是在观察蜜蜂是否正常死亡，是否沾染疾病；到蜂箱旁倾听，也是听里面蜜蜂活动的势头强弱，判断箱里大约有多少只蜜蜂；最后抽出蜂板，目的是看蜂王的形态、大小、产卵能力等。听着叔叔的解释，儿子惊讶地张大了嘴巴。

通过这件事情，儿子自然而然地从买蜂人的买蜂过程中领悟到：学习或者写作文和买蜂一样，需要长期地积累经验；自己只要像那个买蜂人一样，学会对生活由远及近、由表及里、由浅入深地仔细观察、分析，就能写出好文章。

接下来，我们带儿子到了他大姨家——一个远离城市的黄土高原上的小村庄。

儿子学会了观察，每到一个新地方都要像侦探一样"侦察"一番，趁他妈妈和大姨做饭的时候，儿子拉上我到村子里闲逛。他注意到小山村很多不同寻常的地方：他原以为那些在建的豪华别墅式的房子是村里当官人家的，一问，却是普通村民的。上山的小路被酸枣枝给封住了，他建议给剪剪，却了解到这是村民特有的生态保护方法，目的是保护山上的果树。黄土高原天晴的时候路上尘土飞扬，下起雨来却泥泞不堪。一家农户，院墙是新盖的，大门非常气派，镶着绘画的瓷砖，可院子里却露出破旧的住房房顶。他感觉很奇怪：这家人怎么不先盖房，却先盖院墙大门呢？一问住户老汉，老汉很不好意思地告诉我们："马上盖，马上盖。先盖墙门，叫'遮丑'……"

从大姨家回来后，儿子就写了篇《小小山村》寄给报社，又发表了。这似乎让他找到了诀窍，只要一有时间就让我带他出去逛。积累了素材，儿子不再腹中空空，灵感也一个接一个，写起作文手到擒来。他的老师再见到我，老远就说："喂，你儿子的写作水平进步很快啊！现在我几乎次次都把他的作文当范文。"

（李多）

69 口述作文10条法则

口述的东西必须来源于生活

1.父母目的明确，但并不一定要让孩子明确，当什么都冠以任务时，有些孩子就没兴趣了。

2.我们都知道文章由段落组成，段落又由句子组成，句子由词语组成。如果连词句都说不好，怎么能说好文章？所以平日里我们应注意孩子的词句练习。

3.写作从"问"开始，这个"问"就是思考。当孩子接受问题后，脑子是在飞速运转的，通过"问"的要领，可以唤醒孩子对往事的回忆，串起写作的思路。对于初次口述的孩子，问的问题可能多一些，这都是很正常的事。孩子口述时急不得，也许开始只能用"一问一答"的形式，比如，作文《下象棋》的第一段，我就提醒儿子：什么时间什么地点和谁干了什么事情。（这几个要素并不一定全都出现，根据情况而定）

4.每次口述要记得提醒孩子细节描写，这是每一篇文章必须的。如"我很高兴"，怎么"高兴"，得具体描述出来，高兴可以用肢体语言表现出来。

5.如有动作，记得提醒孩子多用动词，这些动词能将动作描写得很精彩。

6.如果你想引导孩子口述完整的文章，一定要提醒他注意文章的完整性，也就是开头、中间、结尾。

7.并不是每次口述作文都是完整的，可以给孩子进行片段作文的口述，比如，做了错事被批评了，可以叫孩子口述被批评时的感受；或者现在天气很热，热到什么程度，可以说一段话，但这段话里不能出现"热"字。

8.对于还没开始口述贴近自己生活的事情的孩子，父母可以考虑让孩子从复述故事或者动画片开始，这对训练孩子的口头表达能力很有帮助。建议复述动画片时，父母最好知道动画片的情节，这样可以知晓孩子的复述是否到位。

9.为了说好句子，可以和孩子进行句子接龙。如一人说"天上有一朵白云"，另一个人就得以"白云"开头说一句话，以此类推。接下去，也可以加入一些比喻句……还可以玩故事接龙，一人编一段故事，另一个人再接下去，或者给故事改编结尾等。

10.生活中注意和孩子一起收集有价值的写作素材，提前培养孩子收集作文素材的意识。我们家就是利用睡前聊天的时间，让孩子说一说当天发生的有价值的事。

最后说一点特别重要的，就是孩子口述的东西必须来源于生活，与孩子的生活贴近，最好是孩子亲身经历过的，这样，初学的孩子感受才会深刻。

（晴空万里1225）

70 说着说着就会了

女儿随我的思路回忆一日所见所闻所感

在女儿很小的时候，我带她外出，经常把看到的描述给她听。比如带她去肯德基玩时，我会说："肯德基老爷爷的胡子真长呀！""这么多小朋友在滑滑梯呀，他们玩得真高兴呀！"带女儿出门看到公交车堵车时，我会说："呀，公交车这么多呀，它们都排起队来了，像一条长龙！"

一次，带女儿去山上看桃花，车子行驶在坑坑洼洼的山路上，女儿不自觉地倒来倒去，她警觉地抓住了我。于是，我向她描述："宝宝，我们的车子正行驶在坑坑洼洼的山路上，像跳舞一样！"从此，每当我们坐车遇到类似的情形时，她都会主动说："妈妈，现在路不平，坑坑洼洼的，坐在车里像跳舞一样。"

一天，在送女儿去幼儿园的路上遇到一只小狗，突然，小狗向她叫了几声，女儿就说："妈妈，小狗汪汪叫了，它为什么叫呀？"我老老实实地回答："妈妈不知道，你说为什么呀？"女儿说："因为它肚子饿了，它在叫'给我点饭吃，给我点饭吃！'"

从那时我就发现，女儿的描述能力越来越强了。

后来，每次带女儿出去玩后，我都会和她一起描述我们游玩的内容，把游玩再回忆一遍。刚开始，我们一起回忆的时候往往是这样的："今天，妈妈带我去公园玩，我玩得真高兴。"渐渐地，我开始增加一些细节，比如天气情况，"今天天气真不错，阳光明媚，万里无云"等。或者描述女儿的心情，女儿高兴时，我会说："瞧，宝宝在笑，很高兴吧？笑得像朵花一样！"女儿哭泣的时候，我会说："宝宝很难过吧？妈妈知道了，瞧，宝宝的眉头皱起来了，眼泪都流出来了呢！"或者描述看到的一些事物，"我看到一只黄色的小狗"、"小树被修剪得圆圆的"等。

慢慢地，女儿能够跟随我的思路来回忆一日所见所闻所感并复述，更重要的是，女儿乐在其中。

71 玩着玩着就会了

口头作文，完全可以从游戏开始

和孩子做口头作文，完全可以从游戏开始，尽早开始，同时结合孩子不同的成长阶段，变换花样：

孩子会说话了，给他讲完故事，就可以让他说，而且鼓励他自己编，你做听众，这样你同时可以做一个偷懒的妈妈。

孩子上一二年级时，认字不多，就鼓励他说，你帮他写。一年级寒假日记就是我帮女儿"听写"的，这样她不但能突破不认字带来的用词局限，而且，看着自己想的东西在你手下变成文字，她会有成就感，无形中培养了她的写作兴趣。

听写作文时，家长尽量不要打断孩子的思路，孩子怎么说就怎么写，不要注重孩子的用词造句是否完美，重要的是把孩子的这一段思路完整地记录下来。

碰到孩子说不下去的时候，家长要会提问：比如，接着怎么样了？为什么会这样？

口头作文的形式，可以不拘一格，完全可以随手记录。我就试过用微信、微博记录孩子说的一段看歌剧《妈妈咪呀》的感受，并和家人、朋友分享，非常有趣。

口头作文的好处非常多。

孩子能感受到文字和语言的联系，打通文字与自己思想的联系，用思想引领文字，用文字理清自己的思路。

孩子能感受到"痛快地说"和"痛快地写"其实是一回事，从而感受到作文的快乐。

更有趣的是，这些记录可以成为孩子自己的素材。这一周，学校布置的作文是写一篇童话，女儿把五岁时写的故事《小猫小狗上太空》拿出来改了改，又是一篇有趣的文章了。

要有真情实感，仅仅做到文句通畅的文章拿不到高分。老师都是行家，看看连年的高考作文，拿高分的一定是有自己角度和观点的文章。

（主妇潇潇）

72 编着编着就会了

我随便出题，她根据所出的题编故事

每个孩子都爱听童话故事，我的女儿也不例外。她每天都缠着我，要听故事。我只好想法子积累故事，说给她听。有时候，临时编的故事，她也听得津津有味。为了教会她"说"的本领，我就跟她定了个"君子协定"：我说一个故事，你也得说个故事。没想到她欣然同意了。

有一次，女儿竟然让我随便出个题，她要根据所出的题来编故事，这让我大为震惊，让我发现了她的潜能。我想这是培养她的想象力和创造力的好机会。爱因斯坦说过："想象力比知识更重要，因为知识是有限的，而想象力概括着世界上的一切，推动着进步，并且是知识进化的源泉。"有时候，我正有事，她也乐此不疲地说故事给我听，我哪敢打消她的积极性，只好边做事边听着，我走到哪儿，她跟到哪儿。说完后，她问我："爸爸，说完了。我说得好吗？"我赶紧说："嗯，不错，你怎么说得这么好？不过，这里修改一下就更好了。"

我和她妈妈就是忠实的听众。为了激发女儿的兴趣，对她进行适当的表扬和鼓励是不可少的，但一定要提出一些存在的问题，以帮助她提高。

（刘先发）

73 看着看着就会了

刮皮、切丝、炝锅、爆炒，我边操作边给他讲解

中午，儿子放学回家后，看到饭桌上摆了一盘土豆丝，非常高兴，因为他特别爱吃我炒的土豆丝。吃饭的时候，他告诉我，老师要让他们以《××的手》为题写一篇作文。

我说："好啊，那你打算写谁的手呢？"他一时答不上来。我趁机告诉他，你要写的这个"手"的主人，必须是你所熟悉、了解的，要通过具体的事情反映出这个人"手"的特点，比如勇敢的手、勤劳的手、灵巧的手……经我这一启发，他一下子有了兴致："爸爸，我想写您的手。"

"你为什么要写我的手呢？"我问。"您会做好吃的饭菜，特别是土豆丝炒得棒。还有，您的文章写得好……"他显得很自豪。"这两件事说明了爸爸有一双什么样的手呢？""能干的手！""好吧，你就围绕'能干'这一中心，通过炒土豆丝和会写文章这两件事来表现爸

爸手的特点吧!"

那天晚饭后,他仅用了半个多小时就写好了。我看后,觉得作文条理清楚、语句流畅,只是对事情的经过写得过于简单,这说明他对事情的过程观察不细,这也是小学生作文中常见的毛病。由于平时不留心观察,对要写的内容不清楚,到了该详的地方,只能用概括性的语言一带而过,结果没有具体细节的描写,文章就显得空泛。于是,我决定再炒一次土豆丝让他仔细观察一番。

第二天是双休日,我特意买回几个土豆,让他站在我的身边,看我是怎样炒菜的。刮皮、切丝、炝锅、爆炒,我边操作边给他讲解。看着一盘脆生生、香喷喷的土豆丝出了锅,他不禁发出了"啧啧"的称赞。他回想了我炒土豆丝的过程,认真修改了原稿,还特别注意了动词的准确运用,这样,我炒土豆丝这件事就写具体了,也生动了。

（秋实）

74 演着演着就会了

小家伙知道局长官最大,开口就想当局长

儿子的口头表达能力较好、能够清晰地表述一件事,是教过他的老师所公认的。但在幼儿园里他也落下了"话包子"的"荣誉称号",用老师的话说:这小子非得将自己想表达的话说完才能停下。但话多并不见得作文就好,所以父母正确引导孩子的作文就显得非常重要了。

根据儿子的年龄特点，目前口述作文是一个重点。很多时候，直言不讳地让小家伙口述作文，小家伙很反感，所以在让孩子口述作文时，还得要点花招。即使我们做父母的功利性比较强，在孩子面前也不要过于直白，引导也要润物细无声。

比如，一日，我、儿子的爸爸、儿子三人玩警察抓小偷的游戏（目的是想让儿子口述一个人的外貌）。我设定好三个角色：局长、所长、民警。让儿子选自己喜欢的角色来扮演，小家伙知道局长官最大，开口就想当局长。我说：现在局长接到群众举报，说银行里有一个疑似小偷的人，你作为局长应马上将群众举报的嫌疑人的长相告知所管辖的派出所所长。

儿子一听来劲了，马上开始向所长（儿子的爸爸）描述嫌疑人的长相（外貌特征）：他是一个男的，身穿一件红色衣服，蓝色裤子，手提一个黑色袋子，还戴着一个眼镜，东张西望。（我提示眼镜应该用"一副"。）

儿子的爸爸听完他的描述后，还得将嫌疑人的长相转述给我这个"民警"，在转述过程中，儿子得仔细听爸爸的转述，看爸爸转述得是否准确。

（**晴空万里1225**）

75 练着练着就会了

让孩子练习讲故事，讲别人的好文章

打破"作文很难"的第一步，就是告诉孩子，作文就是文字在排队，一个字一个字地把它们排起来，就完成啦！

孩子们很早就被教怕了，大人总是把写作当成大事，苦口婆心地告诉孩子：写作文要注意起承转合，要把段落结构想好，要记得用什么开头、如何结尾。

对于一个刚升上三年级的孩子，人生头一回面对空白稿纸，如果脑子里还得对付这么多名词，别说他们怕，我想连李白都怕。

这个年纪的孩子，如果能有条理地说出自己想说的话，那就达到基本要求了。至于"传之后世"的伟大篇章，不要急，像东坡先生炖肉一样，时候到了自然香。

想让孩子写得清楚、有条理，先得让他把要写的内容练着讲得清楚、有条理。

讲话是最直接的沟通方式，讲得清楚，写出来就不会含糊。

写作前先讲一遍，等于先在脑中打过一遍草稿。

有人习惯让孩子在稿纸上打草稿，批改过后再发回去，请孩子重誊。这不是不好，但是一来一往，得耗费多少精力与时间？而且，又让多少孩子怕死了这样的抄来写去！

练讲一遍最简单！孩子哪里讲不清楚、太过啰唆、干巴巴地不生动，大人可以立即指导；有的孩子讲到一半，不知道怎么接，我们也可以帮忙提示。

这样做最好的是，孩子在讲的时候，他们也在学习哦！他们会看听众的反应，如果大家都在笑，他会知道这一段讲得不错；如果大家都快打瞌睡了，他也会自动修正。

孩子看完书，常会迫不及待与别人分享。不管你忙不忙，抽出五分钟，让他把故事重述一遍。在讲的过程中，他其实已经在吸收好故事的布局、铺陈、高潮与结尾的手法。

所以，常让孩子练习讲故事、讲别人的好文章，无形中他也在观摩别人，学习别人的优点呢！

76 问着问着就会了

路上，我经常问她同义词或反义词

女儿自小就写得一手好文章，上学时常获各种奖项。很多朋友让我传授经验，我认为应该归功于小时候对女儿进行的口头语言训练。

在接送女儿上幼儿园的路上，我经常问她同义词或反义词。与此同时，我还把这些词延伸为句子。例如，我问"黑"的反义词是什么，女儿说"白"；我问"高"，女儿说"低"。然后我们玩起文字接龙游戏："煤是黑的"、"雪是白的"、"树是高的"、"草是低的"……孩子玩得不亦乐乎，越说句子越长。

这种同义和反义词的问答训练，能提高孩子的语言敏捷性和流畅性以及孩子使用语言的能力，对于进入小学时造句和写作很有好处。

77 夸着夸着就会了

将用得好的词句画上红圈圈

当女儿遣词造句的能力发展到一定程度的时候，我尝试着跟她做口头作文。作文的题目大多是即兴的，比如星期天我们去东湖公园玩过之后，回家的路上，我就开始问女儿："东湖公园美丽吗？"女儿兴高采烈地回答："非常美丽！""你能告诉妈妈东湖公园如何美丽吗？"女儿歪着小脑袋，有板有眼地向我描述她在公园里看到的各种情形。

回到家后，我把女儿刚做的口头文章用笔记录下来，然后重念一遍给她听："看，这就是你写的文章，写得真漂亮！"女儿看到自己嘴里说的话瞬间变成一行行的文字，大受鼓舞。从此，每到一处，她都自觉地跟我说："妈妈，我要写篇好文章。"

口头作文不仅培养了孩子的观察能力和口语表达能力，更重要的是，在孩子逐渐过渡到文字表达的阶段时，其语言的逻辑思维能力也得到了锤炼。

女儿进入小学一年级时，已经会写不少字了，我就鼓励她把自己的口头文章写出来，写好后由我作一些简单的评价，如"你的想象力真丰富"、"观察得真仔细"等，对用得好的词句还画上红圈圈。为此女儿特别注意字斟句酌，被画上红圈的字句不断增多。

反复的训练使女儿愈加热爱写作。直到今天，女儿已经在德国上大学了，依然保持着写日记的习惯，甚至在互联网如此方便快捷的时代，她仍喜欢拿起笔，给我们写来充满深情的家书。每每展读那字里行间的文采，当年母女伏案书桌的情景就令我感慨不已。

78 聊着聊着就会了

在这种问问答答的聊天中，女儿恍然大悟

在上小学前，女儿就已读过大量的童话故事和《我们爱科学》之类的科普读物，自主阅读带有拼音的书籍已不成问题。可是当老师布置了"命题作文"，真正让她"自主创作"时，她却犯了难。我这个当娘的自然是义不容辞，挺身而出，帮她渡过"难关"。

我的办法就是——以说促写，为她形成文章的条理"搭桥铺路"。比如在一年级上学期学过《北风和小鱼》之后，老师布置了续编。虽然老师在课上已经让学生练习说过，但女儿似乎还是没有头绪。于是我就启发她顺着文尾的思路想：小鱼在冰层下是怎样玩的？当听到北风得意的话以后，它们会怎么做、怎么说？北风要是听到小鱼的这些话，它又会怎么做？最后的结果会是什么样呢？

正是在这种问问答答的聊天中，女儿恍然大悟，一篇习作也就水到渠成：

小鱼在小河的冰层下面自由自在地玩耍着。它们一会儿在水草中游来游去，一会儿又跑到冰层下面吐泡泡。这时，它们看见骄傲的北风正傲慢地说："哈哈，自不量力的小鱼，被我冻死了吧？"小鱼见了，一起大喊道："谁说我们冻死了？我们正在开心地玩儿呢！"北风听了，气得暴跳如雷，拼命地吹，吹得树都疯狂地摇动，甚至有的都倒了，就连小鸟的窝也散架了。可是，小鱼却一点儿也不惊慌，依然在冰冷的水下游来游去。

（毛晓英）

79 仿着仿着就会了

让女儿仿写民国作文试试

女儿喜欢民国作文，"五一"旅游后，我提议让女儿仿写民国作文试试。我和女儿躺在床上，让她回忆了一遍民国作文《中秋日》，然后告诉她可以仿写，她基本就套着开始了口说。说到摘野菜时，讲了很多野菜的外形，自己发现与《中秋日》不太一样，就又嚷嚷着喊"删掉"。在她反复修改的时候，我忍了好几次，终于克服了冲动，没有插话，让她自己完整地叙述完。耐心地等她叙述完后，我又请她把所叙述的内容重新整理一遍，再说一次。

说的过程中，她又因顺口和语感等原因，更改了好些地方。比如，原来是"吃着凉拌折耳根、清明菜饼和鱼鳅蒜"，我就提醒她注意菜的做法，既然有了凉拌，其他菜也需要对应一下。于是她又改成"吃着凉拌折耳根、清明菜饼和清炒鱼鳅蒜"，然后问我，对清明菜饼要怎么写做法，我就借给她一个词"摊"。可她念完一遍后又发现，"凉拌"和"清炒"是两个字，"摊"只有一个字，就主动把"摊"放在后面了，变成了"凉拌折耳根、清炒鱼鳅蒜和摊清明菜饼"。就这样，我们"说"好了这篇作文。

附女儿好好的作文：

五一节

今天是五一节。

上午，我和小伙伴们去骑马。马儿在场上奔腾，温暖的风迎面吹来，我感到很痛快。

下午，我们在马场附近摘野菜，有折耳根，有清明菜，还有鱼鳅蒜。它们躲在草丛下跟我玩躲猫猫，我可有一双火眼金睛，不管它们藏在哪儿，我都能找到它们，并且把它们揪出来。偏偏这时，太阳也跑来参与游戏，玩得我头顶直冒烟。

我想着晚上吃凉拌折耳根、清炒鱼鳅蒜和摊清明菜饼，口水都流下三千尺了。

（好好妈喻上玲）

80 记着记着就会了

你先说，我记，有空了你再慢慢抄

从二年级起，儿子开始写作文了。他瞪着一双稚气而又充满忧愁的大眼睛问我："妈妈，作文怎么写呀？"我对他说："作文其实就像你平常的说话，无非是把说的那件事情写在本子上。"儿子一听乐了："那我就写那件在大街上看耍猴的事情吧。"

二年级的孩子，掌握的文字非常有限，书写的速度也相当慢，远远跟不上他自己的思维。因而，儿子边想边写，常常打乱了自己的思路。于是我对儿子说："你先说，我记，有空了你再慢慢抄。"儿子一听高兴极了，一口气将那天看猴的事情绘声绘色地说了出来。儿子的第一篇作文就这样诞生了，洋洋洒洒，得了一个"优"加五角星的好成绩。

望着儿子脸上抑制不住的喜悦，我知道儿子写作文有了一个好的开端。

（王悦娟）

81 答着答着就会了

我会问她写几段、每段各写什么

孩子刚开始写作文时，会有一种依赖家长的现象。她会眼巴巴地望着我，期望我说一句她写一句。相信这都是各位家长经历过或正在经历的事情。如何做好指导而又不让孩子有依赖心理呢？

我的做法是我来问、女儿来答。

我会问她写几段、每段各写什么。在她能完整地回答后，我基本上不给提示了，让她写完再说。对字数的要求先放松，毕竟还只是草稿纸上的演练。再有一点，说实在话，修改作文比写作文轻松多了，真要让我写，我也头疼。她写完了，我们一起修改，我自己轻松多了，毕竟要锻炼的是孩子嘛。当然家长也得动点脑筋，看着作文的要点有没有遗漏，结构安排是否合理，在描写的时候有没有好的修饰性词语，对不明白的词语还需要解释清楚，保证孩子下次自己会用。当然别忘了问孩子一句："你觉得这样是不是更好？"

总体来说，这样做，孩子的一篇作文得写两遍，起码得受累两个多小时。不过孩子倒也乐意坚持，因为一般在这种情况下写的作文，不需要老师批改后再次修改，有时还可以得到在班上被宣读的机会，挺划算的。

82 填着填着就会了

我说前半句话，女儿接后半句话，算是"填空作文"

周末，我带着快三岁的女儿去公园玩，玩得很高兴。回到家，我对女儿说："要不我们一起来写一篇作文吧？"

女儿问："什么是作文？"

我说："就是把今天发生的事情说出来，妈妈帮你写在纸上，就是作文了。"

女儿说："好的。"

于是，我们娘俩开始了女儿人生中的第一篇"作文"。当然，这篇作文是在我的引导下完成的，因为是我说前半句话，女儿接后半句话，所以只能算是"填空作文"。

快乐的一天

今天，太阳公公（对我眯眯笑），我和妈妈一起（出去玩）。

我们开着电瓶车去（月湖公园玩），那里有我最喜欢的（滑滑梯）。我在那里玩了（好几圈）。

有人在卖（小青蛙），有人在卖（棉花糖）。我很想吃（棉花糖），妈妈给我买了一个（棉花糖）。我吃得（津津有味）。棉花糖可（真好吃）！我下次（还要再吃）！

今天，我玩得（真开心）！

从那次"填空作文"以后，女儿对"作文"比较感兴趣了，也许是因为作文的形式比较好玩，也许是这样的作文没有压力。几天后，女儿主动跟我说："妈妈，我们再来写'作文'吧。"我说："好呀！你再说说今天做了什么事情，好吗？"女儿说："好的。"

于是，我赶紧准备纸和笔，然后问她："你准备好了吗？"

女儿说："准备好了。"

伤心的一天

今天，天气（很好）。我上了（幼儿园），然后，妈妈来接我去看（叶医生），因为我有点（咳嗽）。本来妈妈还想带我去（公园），可是（太晚了）。没有去（公园），我很（伤心）。

83 导着导着就会了

经过一番夸奖，儿子的情绪明显激动起来

周末，儿子呆坐在书桌前已经很久了。他一会儿皱眉头，一会儿把铅笔敲得啪啪响。我走上前去问他怎么了，他苦着一张脸说："写作文！写作文！"呵呵，看来"小不点儿"遇到困难了。

"老师要求写什么呀？"我一边坐在儿子面前一边轻松地问道。儿子仍然皱着眉头说："老师说写童话故事，想写什么就写什么。"呵呵，看来"想写什么就写什么"、"想怎么写就怎么写"，看起来容易，做起来反而难啊。怎么办呢？

我让儿子把他最喜欢的一个童话故事找来，于是，《狼和小羊》摆在了我们的面前。我带着儿子一起阅读后，问他："儿子，狼给你什么

印象？"儿子说："很凶啊，它要吃羊。""那小羊呢？""小羊很可怜，生怕被狼给吃了。""是的，狼有狼的特点，羊有羊的特点。你再看，故事中来帮忙的小猫、小狗、小马、小象，它们来救小羊时又有什么特点呢？"儿子不由得快速搜索起来："哈哈，小猫救小羊时用的是它的尖爪子，因为猫的爪子很厉害；小狗用它的嘴巴咬，因为它的牙齿很厉害；小马的马蹄很厉害，就用它来踢狼；小象的鼻子很长，就用它来把大灰狼卷走！""儿子一口气就说完了，真能干！"

经过一番夸奖，儿子的情绪明显激动起来。于是我让他选一种自己感兴趣的东西。刚好，书桌上摆放着一把剪刀。儿子兴奋地说："就剪刀吧！"

"好啊，剪刀有什么特点呢？"我顺应儿子的选择问道。儿子轻松地回答："剪刀嘛，可以剪破各种各样的东西。""各种各样？快说说，剪刀能剪破哪些东西？""纸、衣服、绳子……""你想一想，剪刀能剪破那么多东西，时间长了，它会变得怎么样啊？"还没等我说完，儿子就说："它肯定会骄傲，会觉得自己了不起。""聪明！那剪刀是不是真的能剪破所有的东西呢？"儿子的眼珠转了几下，一下子兴奋地跳起来："妈妈，我昨天读的'脑筋急转弯'，问什么布剪不破，就是瀑布！""哈哈，太棒了！就写骄傲的剪刀遇到剪不破的瀑布怎么样？""好，好，好！就写剪刀和瀑布！"儿子为自己找到了可写的东西而开心极了！

这看似风马牛不相及的两样东西就这样有了联系。儿子立即动笔把题目写在了本子上。我继续引导儿子："既然你觉得剪刀很骄傲，那么你觉得它的骄傲可以从哪些方面表现出来呢？"儿子一边用手指做成剪刀的样子，一边在屋子里穿梭着，好像在剪着面前的许多东西："剪刀可以横冲直撞，剪刀可以大声说话。""真是太棒了！剪刀已经活了！剪刀已经有生命了！赶紧想想，瀑布面对如此骄傲的剪刀会是什么神情和语言呢？"我不由得兴奋地夸赞起儿子的丰富想象力。儿子并不回答我的话，直奔书桌前，拿起笔快速地写起来。我知道，儿子已经有了自己的主意了！

（李俊淑）

第 **4** 辑

方法技巧篇

写作文就像练功，大量阅读、注重积累，这是内功；

内功之外还要练招式，有招式才能实战。

写作技巧就是招式。

这些招式包括立意、选材、结构、描写、修辞等，

练得好，孩子豁然开朗，练不好，孩子糊里糊涂。

下面这些招式，都是家长们亲自用过的，

虽说每个孩子不同，但面临的问题区别不大，

如果"按图索骥"，哪怕自己没有写作能力，

指导孩子也不是难事。

84 和孩子一起"明题材"

无非是写人、写事、写景、状物这几类题材

部分家长在指导孩子写作时，感觉总是把握不好老师对孩子习作的要求。在小学阶段，对孩子的写作训练无非是写人、写事、写景、状物这几类题材。

写人的作文，也要通过一件具体的事来表现人物的性格或品质特征，这件事要写具体，在事件中表现人物。写事的作文更要注意把事情的经过写具体，通过对人物的语言、神态、动作等的描写，使内容具体、生动。

写人与写事的习作的相同之处，都是要通过细节描写把经过写具体，表达一种真实的情感——是敬佩、惭愧还是喜欢、哀伤……不仅要言之有物，还要言之有情。不同之处在于，写人的作文还要有对人物外貌的描写。结尾一段总结时，要分别落在写人和写事上。这是教师对写人和写事的作文的评判标准。

而写景、状物的文章，要"按顺序、抓特点"，即按照参观、游览的顺序或是由整体到部分的顺序等写出景或物的特点。一石一草皆有情，写这类作文也要注意表达出自己的喜爱之情。

（庄伟）

85 和孩子一起"想结构"

给一个框架，不怕一件事讲不清楚

孩子往往在写作上不会写开头。我告诉女儿，文章的开头是千变万化的，没有固定模式，只要符合提要就行。开头要简明，不落俗套。文章结构要理清。结尾要出彩。

孩子毕竟是孩子，女儿每星期写作文、周记，我都会事先和她商量，先听她的想法，再指导她"如果是我，我会怎么写"，给她一个小小的框架：什么时间，什么地点，什么人，干了什么事，对这件事有什么想法。因为孩子一般不会起头，这样，有了大概的结构，不怕一件事讲不清楚了。孩子打完草稿后，先让她自己读几遍，自己修改，然后再提出我的修改意见，和她一起修改。

86 和孩子一起"练素描"

按照孩子的描述，让孩子做导演

无论是学国画还是学油画，都得有素描的功夫，如对物体形状、比例、明暗、透视等的把握能力，都是在素描中练就的。而作文，也需要这样的素描功夫，即先对现实生活中静态、动态的物体、场景、活动做细致的观察，而后做如实的描述。不求完整的篇章，只求具体的片段。

孩子回家看到爸爸吃完晚饭，就端着茶杯，坐在沙发上，边抽烟边看报纸。那么，他只要把这个情景用自己的语言如实地描述下来，就是一个极好的片段作文。为了帮助孩子把这样的生活片段写得更生动些，我还常常按照孩子的描述，组织表演，让孩子做导演。这样的表演过程，实际上是再现片段作文的内容，孩子会在"好玩"的表演中发现一些缺失的细节，自然就会自觉地弥补、完善，从而逐渐提高片段作文的水平。大量的片段作文不但能练就孩子的观察能力、描写能力，而且能培养孩子的作文意识、作文自觉性，有"量"的积累才有"质"的飞跃。

（薛法根）

87 和孩子一起"看动画"

看完一集，把看过的故事大意记下来

可以说，每个孩子都是动画迷，我的女儿也不例外，一看动画片，对周围的一切就熟视无睹了，大半天紧盯着屏幕，一动不动，专注的程度令人吃惊，这对学习和休息产生了不小的影响。因此，常被她妈妈训斥。

怎样处理好看动画与学习的关系呢？我与女儿协商：可以看动画片，但你必须做到两件事：一是先完成作业；二是每看完一集，要及时把看过的故事大意记下来，并经过我的审查。她满口答应，以为自由了，殊不知每天就只能看两集左右，因为多了她也受不了，写赶不上看呀！几星期下来，她养成了看完即记的习惯。

你们看，这就是她看完《淘气包马小跳》某一集后，记下的内容：

"马小跳是一个淘气包，生来就爱跳，难怪叫马小跳。马小跳有一顶神奇的帽子，非常美丽，它会飞，还有魔法。它常变成一小宠物，跟在马小跳的身后，形影不离。偷偷地告诉你吧，马小跳考的100分，就是那顶小帽帮的！它给马小跳戴了一副奇妙的眼镜，马小跳一下就知道了考题的答案。你们想要吗？尤其是近视眼的人。"

虽然写得并不是很好，也没能记下完整的故事，但没关系，毕竟她把自己想说的话写下来了，这是最重要的，也是我最想要的。

（黄大权）

88 和孩子一起"编词语"

把所要记忆的词语，连起来编成一段话

课本课后通常要安排一道"读读记记"的积累本课词语的作业。老师要求孩子们背下来，同时要求家长签字，女儿不敢怠慢，背得挺勤的，但总会漏掉一两个，要完整流利地记下来，得花费不少时间。

我感觉很可惜，就做了一些处理：让女儿把所要记忆的词语，连起来编成一段话，可以用课文的内容来编，也可以用自己的话来编。比如《日月潭》一课要记"太阳高照"、"群山环绕"、"风光秀丽"、"树木茂盛"、"湖水碧绿"、"名胜古迹"、"隐隐约约"、"点点灯光"、"蒙蒙细雨"这9个词语。我指导女儿，找出文中相应的内容为素材，用上这9个词语，编成一段话。"日月潭是我国台湾省的名胜古迹。那里群山环绕、树木茂盛，顶上太阳高照，脚下湖水碧绿，真是风光秀丽。有时下起蒙蒙细雨，隐隐约约只能看到湖面点点灯光，就像走进童话中的仙境。"

上面一段话，基本上都是文中的句子，仅仅用一些过渡语进行了连接，写（说）起来并不难。会编了，记起来也就很容易。在运用中积累词语，多快好省！

（黄大权）

89 和孩子一起"读绘本"

我常让她给我讲讲某页上的故事

绘本，也就是图画书，书中精练的语言与生动的图画推动着故事情节的发展，激发着好奇的孩子不断地阅读。精练的语言，给我们练笔提供了有利的资源；生动的图画激发了孩子丰富的想象。

《哆啦A梦》、《虹猫蓝兔七侠传》是女儿最喜欢看的图画书。为了让她写下来，我常有意地请教她，让她给我讲讲某页上的故事。她讲得很生动，有时候我会很惋惜地说："要是夏薇姐姐也能听到那该多好啊！"女儿不无得意地说："那还不容易吗？把故事写下来，再用电脑发个邮件，不就OK了吗？你的女儿聪明吧？"我竖起大拇指："这主意真妙！赶快行动吧！"心里暗暗好笑：谁比谁聪明呢？

（黄大权）

90 和孩子一起"编故事"

只要我说几个词，她就会用这几个词编一个小故事

一开始是看图说话，后来就用卡片编一些小故事。随着心雨年龄的增长，卡片就甩开了，发展到随时随地玩编故事的游戏。只要我说几个词，她就会用这几个词编一个小故事，孩子编故事不会受到客观规律的限制，编出来的故事往往出乎意料。有时候我和老公就笑得前仰后合，也许正是这些无意中的游戏对她的写作起了一定的作用。上学以后，老师要求写周记，她几乎没有什么困难。

举一个简单的例子：

太阳、冰激凌、房子、小草。（几个都是名词）

太阳和冰激凌是好朋友，太阳有一个爱好，就是喜欢亲冰激凌，每次太阳亲冰激凌的时候，冰激凌就会出汗。冰激凌出汗正好给房子上的小草洗澡。

以前都是使用名词，都是平时日常生活中看得见、摸得着的名词。现在已经逐步加入了一些动词、形容词以及成语。

91 和孩子一起"写趣事"

水果们穿着什么衣服？长什么样子？摸一摸，它们的皮肤怎么样？

孩子们的兴趣比较广泛而又容易转移，所以我们就必须时时关注孩子的兴趣变化，及时捕捉，引导写作。好吃是孩子的天性，买回了苹果、橘子、香蕉、荔枝等水果，我总忘不了让女儿先好好地瞧一瞧，说一说：水果们穿着什么衣服？长什么样子？摸一摸，它们的皮肤怎么样？吃一吃，味道又如何？否则，请勿动！再把说的内容记下来。

爱玩是孩子的又一种天性。打羽毛球、玩溜溜球、跳绳、踢毽子……应有尽有，时时变换，我都尽可能陪她玩，和她一起体验，一起交流，引导她写下来。说来奇怪，淘气的女儿有时却很乖巧，会主动帮忙扫地、倒垃圾、叠被子、自己穿衣服、自己洗澡等。她妈妈说："是不是太阳从西边升起来了？"我把她猛夸一顿，并"帮助"她把做事的过程写出来，送到她们语文老师手上，得到老师的表扬，她很高兴。这下面的写话"叠被子"，就是她劳动后的成果。

今天早上，我起床了，爸爸叫我自己叠被子。我说，我不会叠。爸爸说，可以学嘛。我抓住被子，学着大人样一掀一抖，可被子的四个角很不听话，软耷耷的，真没办法。爸爸笑着给我出个主意：把被子的四个角与床铺的四个角对齐，展平。我绕着床铺跑了个圈，把被子铺平，让它变成了一个长方形，再两两对折，嗨，被子真的叠好了，我会自己叠被子喽！

（黄大权）

92 和孩子一起"练写话"

只搭好骨架，没有丰富的语言材料为血肉，不生动

现阶段，我经常和孩子一起"练写话"。

一、问题提示法

引导孩子根据图画或写作题目，提出若干个相关的问题，解决了这些问题，就等于找到了"写话"的内容，然后将内容按一定顺序排列起来，就形成了一个整体的写作思路。为了让孩子有个样板可模仿，我按人、事、景、物四类文章分别编写了"问题提纲"，供孩子参考，让孩子在仿照中学会创新，能提出更多更好的问题，使"写话"的内容丰富起来。例如：

《我的妈妈》：（1）她是谁？（2）她长得怎样？（3）她干什么工作？（4）她最关心的是谁？（5）你喜欢她吗？

《课间十分钟》：（1）这是什么时间？（2）在什么地方？（3）有些什么人？（4）他们在干什么？（5）他们的心情怎样？

《秋天的校园》：（1）这是什么地方？（2）这是什么季节？（3）有哪些景物？（4）景物发生了什么变化？（5）你看到这景物有什么感受？

《爱吃的水果》：（1）它是什么样的？（2）它的颜色是怎样的？（3）它的味道怎样？（4）它对人们有什么作用？（5）你喜欢它吗？

但这种方法有个弊端，孩子也许只会简单地对答，形成一些散装的零件，写出的话呆板、单一，缺乏连贯性和条理性。

二、词语联结法

为了让孩子说起话来有条有理，写起话来具有连贯性，我常根据"写话"内容适当提供一些联结词，如"首先……接着……然后……最后……"、"有的……有的……还有的……"、"有时……有时……"等。孩子可选择合适的联结词，将单个的"零件"串起来，很自然地形成一个有机的整体，这样的"话"说起来才通顺，读起来才合理。

三、语句扩充法

只搭好骨架，没有丰富的语言材料做血肉，读起来并不生动。如何引导孩子将"话"中的重点句子写得更详细、更具体、更有文采呢？我运用"语句扩充法"，逐步让孩子在分析和思考中把"话"写得更丰满些。

例如：孩子写《小闹钟》，提到小闹钟的作用时，只写了一句话"它每天六点半钟叫我起床"。针对这句话，我提出这样的问题：（1）六点半是清早还是傍晚呢？（2）它用怎样的声音叫你呢？（3）它为什么这么早就叫你起床？（4）把它当成会说话的小伙伴，它会怎样说呢？

经过一番苦思冥想，孩子终于扩充写成一段话：

每天清早，一到六点半，"铃——"小闹钟就发出清脆、响亮的声音，好像在说："喂，快起来，快起来，早起身体好，上学不迟到。"

93 和孩子一起"思立意"

耳濡目染,儿子的文章出现了不少以小见大的"点睛之笔"

儿子的作文已经能流畅地写出自己的心情了,但很少在文章中思考点儿什么,而文章的点睛之笔常常在于那一点儿 "以小见大"的道理、一点儿理性的思考。

这一番道理只能慢慢去体会,很难一下子言传。于是,和孩子出游,常常多了我的一份睹物思情、观景感慨。开始时,儿子似乎并不在意,可久而久之,耳濡目染,儿子的文章中出现了不少以小见大的"点睛之笔",他的作文开始走向成熟了。

（王悦娟）

94 和孩子一起"抓关键"

写作文就是要告诉大家最动听的部分

儿子喜欢写作文,常常一写就好几页。我对儿子说: "人的生活中有许多高兴的事,但其中有几件是最高兴、最有趣的,那也是人们最喜欢看、最值得写下来的。写作文就是要告诉大家最动听的部分,这也就是文章所要讲究的主要部分。所以,主要的事情要写得多,写得生动。"

以后,儿子写作文前,我总要有意识地问问儿子: "你准备将哪一部分写得最生动？"有时还和儿子一起做一番分析。老师说，儿子写文章开始有"法"了。

（王悦娟）

95 和孩子一起"同甘苦"

我会帮孩子一起审题，然后两人分头去写

有了好的读书习惯，有了写作的爱好和信心，我开始和孩子一起写作文。不管老师布置了怎样的作文，我都会帮孩子一起审题，然后两人分头去写。写完了我们总是把自己的作文念给对方听，然后一起交流和探讨，商量如何修改。慢慢地，孩子写作文开始有话说了，用的词汇也多了……

一天，老师布置一个作文题目——《下雪了》。儿子在作文里这样写道："下雪了，地变白了，树上开着白花，真好看啊。"我看完孩子的作文，没做任何评价，只是建议："晚饭后咱们去路灯下堆雪人好不好？"孩子当然高兴了，我们两个穿上衣服，拿起各自的工具就出发了。外面的雪纷纷扬扬，借着路灯的光向空中看去，大片大片的雪花飞舞着，如同千万只白色的蝴蝶在嬉戏、舞蹈。我一边走路，一边引导孩子观察周围的雪景，鼓励他用自己的语言把看到的景色描述下来。然后，我和孩子高兴地堆起了一个又大又漂亮的雪人……

回家后，我建议孩子将《下雪了》这篇作文分两大部分去完成：一是把看到的雪景描写下来，二是把自己刚才堆雪人的过程和感受记录下来。这样一静一动，写好了一定是篇值得看的文章。

　　孩子把作文写出来了，一气呵成，果然生动很多。经过修改，我把孩子的这篇作文投给了报社，还真发表了。孩子拿着报纸高兴地对我说："妈妈，原来我的名字也可以上报啊……"

（邵征鸿）

96 和孩子一起"写五句"

虽然每天只是五句，可五天下来，就不仅仅是五句了

　　都说作文要靠平时积累，可是怎么积累呢？让小朋友记日记，每天写？一听要每天写，小朋友第一反应就是摇头，写不出来。

　　妈妈说："就写五句话，五句就可以。你想写什么就写什么。可以写今天学的功课，可以写今天开不开心，可以写吃了什么好吃的，玩了什么好玩的游戏。"这样啊，小朋友觉得不难嘛，同意试试。小朋友却不知道他"中计"了，虽然每天只是五句，可五天下来，就不仅仅是五句了！

　　今年春节的游记，超超就是这样写出来的。第一天是小松鼠，第二天是海滩玩水，第三天是当地的美食，加个开头，再来个结尾，就是一篇游记了。超超自己一数，哇，这么多字。这么简单呀！

（超超妈妈）

97 和孩子一起"改作文"

催着妈妈把他的作文发出去，很期待地等着老师点评

加入"作文导师团"是一种缘分，当时也是抱着试试看的想法申请加入QQ群，发出了小朋友的一篇作文。没想到，没过一周，就收到一个QQ留言："今天请准时参加点评。"晚上，妈妈陪着超超坐在电脑前，一起看小朱老师的点评，听到老师说"超超写得真棒，要是我们班上的小朋友能写出这样的文章，老师不知道多高兴呢！"的时候，超超转过脸得意地看着妈妈。

老师的每一句话、每一个鼓励、每一次修改建议，小朋友都听得很认真。现在每个月都催着妈妈把他的作文发出去，很期待地等着老师点评。再写作文的时候，也开始学着自己改了。

现在，妈妈不仅是"秘书"，超超还给妈妈安排了个"编辑"的活，他请妈妈把他从一年级开始的写话都整理出来，给他"集结成册"，还要多印几本呢。

（超超妈妈）

（编者注：百度搜"作文导师团"即可找到同名论坛，贴出孩子作文，会有导师帮助点评。）

98 题目"开花"

根据题目，说说可以写什么，有几种写法

每次孩子拿到老师给的题目之后，我都让她自己先说，根据题目，看要求写什么，会有几种写法，在正式确定要用哪种思路写之前，我不让她动笔，只是让她说。

这样的好处是，让她把精力放在想上：我到底该怎样写？有几种写法？如果一开始就让孩子写，可能顺着这个思路写几句，她自己都觉得没意思，写不下去，而重新写，手又累心又烦。一开始只是说就不一样了：她可以天马行空地去想，可以有五六种创意，当然前提是不能跑题，她想到了一种，然后就顺着这个思路说下去，说着说着，她自己觉得不好，又换另一个思路，也许这个不错，越往下说越觉得不错，这样比较完整、清晰的框架出来后，再让她动笔打草稿，这个草稿除了要改一下错别字或者标点等小问题外，基本上就可以直接往作文本上抄了。

在孩子说作文的过程中，家长切记不要干扰孩子的思路，因为孩子总能给你一些出乎意料的想法，很多次，看到题目，我觉得应该这样写，但我不说出来，我让孩子自己说她的想法，我想也许她的一个想法会跟我的重合，但有很多时候往往是她想出来的我没有想到。所以说，除了聆听，这个时候家长最好给孩子充分的想象空间和时间，当然，这样很费时间，一篇小作文往往要耗费一个多小时的时间，但我觉得还是值得的，因为这样做，可以让孩子学会对创意和素材如何取舍。

99 句子"开花"

每天写，不限题材，不限字数，只求自由真实

观察和阅读纵使你做得再多、再好，而没有去练笔，不去写，不去将观察、体会、思考及时转化成文字，想要提高作文水平，都是枉然!

三年级，我觉得可以开始大量练笔了，或者不同能力的孩子可以开始更早。

我姑娘有一本练笔的日记，我的要求是，每天写，不限题材，不限字数，只求绝对的自由真实，每一篇我都用心去批注。我的批注有时比她的文字还多。这种批注不仅仅是为促进她写作上的进步，还是很好地与她心与心交流的契机。

什么是真实呢? 可以是真实事件、真实情绪，也可以是想象，还可以是渴望，这些都叫真实。我姑娘从开始艰难地写几十个字，到现在能自如地写上千字的日记，从开始的反感、抵触，到接受，再到喜欢，直到有一天她说: "哎呀，妈妈，那些字，那些句子会自己从脑子里往外冒呢……"

这是我最想要的，不怕写，喜欢写，写自己，写真实。接受她资质普通，接受她文字的稚嫩和起伏、偶有平庸，等待，不为参赛获奖，不为旁人赞美。我要她写得快乐，写得真实，我相信这样的状态一样能写好文章，而且会越来越好。

100 语言"开花"

写景作文，可以从景色的一处细小的美丽开始

关于指导孩子写作文，我有以下一些体会和总结：

把一句话分成两句或三句来说，能避免病句的出现；

倒装句能起到突出某个词语的作用；

在文章中适当地引用古诗名句，能够使文章文采大增；

开头段不能太长，控制在30～50个字最佳；

写记叙文时，如果无法开头，可以从"时间＋时令＋景色"开始；

写人时，如果不会开头，那么就从"人物姓名＋一个外貌特征＋一个性格特点"开始；

写景作文，可以从景色的一处细小的美丽开始；

在第一段中出现一次妙语或一个妙句，是一种很讨好的开头方式；

如果叙述事例只有一个，一般来说，中间和最后的那个材料要安排得更为详细；

叙事中如果交代时间和地点，可以通过写景的方法来间接地说明。

101 首尾 "开花"

引用诗词结尾，是余味悠长的收尾方法

关于作文的开头和结尾，我有以下体会：

最好把最为吸引人的场面放到叙事文的开头来写；

用几个字来归纳动物的特点，然后分别说明的描述，是高超的写作手法；

说明文中加入谜语和诗歌等材料，能表现出你的文化素养，也能使说明的对象更为亲切；

用省略号结尾，既含蓄又节约，是一种 "价廉物美" 的结尾方法；

用人物对话结尾，有时会收到意想不到的文学效果；

用一句精辟的语句做结尾，也是一种含蓄有力的结尾方法；

用大段的议论结尾，是赶跑读者的最好方法；

在结尾处大呼口号、大表决心和大做检讨，是最幼稚愚蠢的做法；

倒叙法的结尾应该与开头相呼应；

引用诗词或者歌词结尾，是一种余味悠长的收尾方法。

102 文笔 "开花"

三招让孩子文笔好起来：模仿、背诵、摘抄

文笔好，可以体现在三个方面：准确、合理、优美。前两者主要

是逻辑思维起作用，后者主要是形象思维发达。

怎么才能让孩子的文笔好起来呢？这里教你三招。

1.模仿。

起草美国宪法的富兰克林的文笔举世公认，他介绍自己练习文笔的方法就是模仿。具体做法为：（1）找到心仪的文章——归纳段意——根据段意复述原文——写后对照原文找不足。（2）找到心仪的文章——改写成别的体裁——或者打乱段落顺序重新排序。

2.背诵。

老老实实背诵一些古代散文、诗词，及现代的经典白话文。巴金能背《红楼梦》和《古文观止》，不是没有道理的。这里主要推荐背语文课本中的名家名篇，这是经过许多专家筛选的，比自己或某个专家灵机一动想出的肯定有保障。

3.摘抄。

以前都有读书笔记，现在老师们都不太布置这个作业了。因为孩子叫苦。但不能否认，高明的功夫，背后都有苦功在。摘抄是老祖宗留下的法宝，用得好，事半功倍。

需要提醒的是，不管模仿，还是背诵、摘抄，都要选好的。《红楼梦》第四十八回，香菱学诗。黛玉问香菱喜欢什么诗，香菱说"只爱陆放翁的'重帘不卷留香久，古砚微凹聚墨多'一句，黛玉听罢，极不赞成，说："断不可学这样的诗。你们因不知诗，所以见了这浅近的就爱，一入了这个格局，再学不出来的。"这话说得很明白，必须学好的。学法乎上，才能得乎其中。

（阿牛老师）

103 题材"开花"

生活里没多少内容写？就让题材套路发挥作用吧

题材是写作文的原料，我在指导孩子写作文时有一些体会。

1.帮助孩子发现题材。

（1）从孩子的嘴巴里发现题材。家长天天和自己的孩子在一起，每天都很平常，似乎发现不了多少有价值的题材。但事实并非如此，只要留心一点，注意一点，就有写之不尽用之不完的好题材。

（2）在孩子的兴趣中发现题材。今天你带孩子上街买东西，他对一只铅笔盒爱不释手，他为什么这么喜欢这只铅笔盒呢？他要求你给他买的时候他就会告诉你，颜色呀，图案呀，形状呀，功能呀，等等。好了，回到家，就把这个为什么喜欢写下来，这就是一篇很好的记叙文了。

2.题材有套路。

有时候感到生活里没多少内容可写，那就让题材套路发挥作用吧。

（1）写人。可以写自己，写亲人，写同学，总之，是写自己熟悉的人。

（2）写物。写自己熟悉的、喜欢的东西。

（3）写回忆。把过去发生的趣事写下来。注意，回忆有时比刚发生的事更好写，因为回忆已经经过了一段时间的沉淀，一些印象不深的东西已被过滤了，写起来反而容易抓住要害。在没有适合写作的题材的时候，可以教孩子回忆，回想过去的一些有意思的事情来写。

（4）写活动。一件完整的事件、一项活动，看起来好像好写，但要写好却不容易。切记不要写成流水账。

在发现题材的问题上，必须注意的一点是，题材越广泛越好，孩子的思维打开了，不受束缚了，他便有一种天高任鸟飞的感觉，渐渐地就什么样的题材都敢于去碰一碰了，什么手法都敢去试一试了。

（羊小羊）

104 素材"开花"

把平常所见的感人至深的事物"吹"给孩子

孩子不会写作文或者写不出好的作文，主要原因是孩子缺乏好的写作素材。要让孩子像作家那样去体验生活和搜集令他们感触至深、刻骨铭心的写作素材是不现实的。家长或老师把平常所见的感人至深的事物"吹"给孩子，使他们在听您"吹"的过程中产生深深的触动，然后把您"吹"的素材写成作文就会是很不赖的作文了。

记得我有个同事，到一个很偏僻的地方出差，回来后面黄肌瘦、蓬头垢面。他爱人单位的领导说他头发比女人还长，都笑话他。他一气之下去理了发，而且理成中年人的"大分头"。有人见了说他是小老头（才28呢，怎么能这样打扮？）。他又去理发，赌气理成小学生的小平头（走极端了）。他儿子的老师见了，说他像娃娃，还直笑他。没办法，他干脆来个"彻底了断"，刮了个亮蛋。这下可麻烦了，人家见他就问是不是父亲或母亲"那个"了。逼上绝路后，他只得找顶帽子戴上，可有人甚至问他是不是头上长了癞疮。

我有声有色地"吹"了半个小时，估计录音整理出来的话也有近万字吧。我的孩子听得津津有味，不时鼓掌。几天后，他把我"吹"的这个故事写成 800 多字的《爸爸理发》（拿我开涮了，够"狠"的吧！），后被《小学语文报》刊载，还得过大奖。

（邱林友）

105 "三段式"结构

再重要的文章，内容再丰富，分三大部分也能写出来

关于作文的结构，从女儿开始写作文，我的观点始终如一，就是"三段论"。下面的对话，大概是三年级前后，父女二人之间的闲聊。

凡是和女儿说学习，我一般这样开头：

"关于作文的结构，老师是怎么跟你们说的呀？"

女儿答："有好几种，'总分总'、'总分'、'总分总分总'……"

我说："老师说得对，分得挺细，研究特深，你要认真按老师讲得，仔细体会每一篇课文写作的技巧。不过，我从另一个角度，简单地说说作文的结构，可以吗？"

"我觉得，总的来说，文章都可分为三个部分：一、开头；二、中间内容；三、结尾。或者说，小学生写作文，分三个部分写就足够了。"

"你这好像跟没说一样！"

"是吗？那就听我再说说。我说的和老师说的并不矛盾，我的分法是粗略的。好比一根黄瓜，头、尾各切了一刀，分出了'头小，带一朵花儿'、'中间肚子大，香甜爽口又爽心的最长的一大段'和'尾巴，味最浓，浓得发苦，短小精干'，如果把中间内容再切几刀，就是老师说的了。"

言归正传，再重要的文章，内容再丰富，分三大部分也能写出来，并能写得很好。

（张保安）

106 "开门式"开头

开门见山，写得简单可以，写得漂亮更好

我对女儿这样说："记住我的话，不要为难自己。开门见山永远是没错的，也可以说是万能的。对于你后面要写的内容，最好能用一句话引出来，实在不行就两句话、三句话。"

"开门见山"，这个"门"就是"作文的开头"（可以拿张纸，在纸上真画个门），"山"就是那一句话（在门中画个山），它概括或引出你后面要写的内容（左右再各补两峰，真的门中一个"山"）。

开门见山，写得简单可以，写得漂亮更好。关键在"门"的装饰上，你可以想一想，如果门两侧贴个对联，蹲两个石狮子，门上刻着花、镶一对狮虎衔着叩环，谁看了都觉得门庭高雅，耳目一新，乐意

进门参观参观当然更好。比如，写参观北京科技馆的作文，开头可以写成：

大年初二，我在爸爸、妈妈的带领下参观了北京科技馆……

也可以写成：

北京科技馆，我原来一直以为是一个大人们开会的地方。大年初二，我在爸爸、妈妈的带领下参观了北京科技馆。呵！去了才知道，这里简直就是科学技术知识的海洋……

还可以写成：

什么是科学？平时我们虽然经常听说，我们也渴望着学习更多的科学知识，但总觉得科学离我们很遥远。大年初二，我在爸爸、妈妈的带领下参观了北京科技馆。在这里，我走着、看着、玩着，仿佛真的走进了科学……

还有很多装饰你的"门"的方法。关键是要把你最强烈的感触、发自内心的想法说出来，把心中的喜悦（情感）写给看作文的人，并且要和后面的内容联系起来。有了"开门见山"，作文就可以上路了。

"是不是非得开门见山呢？"女儿问。

"如果心里已经有了比开门见山更好的想法，当然可以。说明你进步了。但是可得小心，不要兜圈子跑了题。最好是先按"开门见山"考虑，再锦上添花，适当丰满，点缀生动。"

（张保安）

107 "砌墙式"谋篇

主要的应该多写、细写

作文的内容就是用文字来写人、记事、绘景、状物、议论等，表达的方式是记叙、描写、抒情等，千万记住，它一定要有真东西、真情实感，不瞎编，看了文字，那东西好像真就在眼前。

作文，有人把它比作摆积木，我觉得不合适，我说它更像是砌墙。砌墙要用足够的石头，不只是摆齐，还要用砌墙的泥把缝隙填实粘牢，连成一体。作文的整个内容就是一堵墙，必须用多个石头一层层、一排排、一段段地按一定顺序"砌"好。先写什么、后写什么，虽然没有固定的规矩，但必须得有合适的顺序，这主要是便于读者理解。

关键是砌墙之前一定得把砌墙的"大石头"、"小石头"和砖头选好，尽量备齐，也就是把作文要写的内容（素材）基本定下来。内容要充分，得有一定的字数，可是又不能光数字数，重要的是"分量"足够。只有一个主要的可以，既有主要的又有次要的帮着更好，主要的应该多写、细写，次要的一般要简单，否则，主次就颠倒了。

"那如何分段呢？"提这个问题时，女儿还小。

中间的内容，可以分段，也可以不分段，长了必须分段，要不然层次不清。分段主要应看看文章包含几个小事情，分几个层次好，一个小事情或一个层次就是一段。分段只为能把每一个小事情看得更清楚，不在乎分得多巧妙。平时看书时，多看看人家是如何分段的就行了。

（张保安）

108 "收获式"结尾

作文的结尾，一般情况应该是作文的最终目的

写一篇作文，你费了老半天的劲儿，要向读者说明什么？要认真考虑好，想说什么就写什么。

"我不想说，是老师要求写的。"女儿回答说。

学作文，是学写作，写习作，练习写作。练习是为了长大了以后心里有话能用笔说。你嗓门再大，只有在场的的人才能听见。而写成文字，就能给更多的人看，且什么时候看都可以。这是学写作的重要意义。这是题外话，关于结尾，我接着前面对女儿说：

"比方说，你写你去了科技馆，是什么用意呢？"

"我没白去。"确实，女儿每次参观回来都收获不小。

"那就是有收获，可以说说最主要的，摆几条。要概括，越抽象越好：我喜欢科技馆，我喜欢科学。你是不是希望看了文章的小朋友也都去看看啊？"

"那，人就太多了。"

"不怕人多，假如你现在的任务就是帮助科技馆做个宣传，或者希望把好玩的、好看的介绍给小朋友，和大家分享。"

"那我在结尾说：科技馆真是个好去处，我都去三次了，每次去都有新发现，还想再去。建议大家都去看看。在那里，你能看到很多科学奇迹，领略到什么是科学技术，科学真了不起。"

"我看可以！还真实事求是。"

（张保安）

109 "串珠式"线索

"线索"就是把珍珠串成项链的那条线

写作文，和做事差不多。有两件事要处理好：一是总体安排，就是要有一个比较全面的总的安排，这其中包括：怎么开头、写什么内容、得什么结论；二是要有线索，线索就是把各个内容串起来的线，它贯穿、引出和连接各个内容。这两点做好了，就差不多了。

总体，就是用几块砖，先后如何排序。动笔之前，写什么应该先确定，要写几个内容，即用几块砖应大致有个打算，每一内容能说明什么，应该和结尾要说的相配合。这个打算不必很详细，还可以边写边调整。但是，如果事先一点打算也没有，写哪儿算哪儿，不是好习惯，容易跑题。

用什么排序呢？怎么串起来看了更自然？用"线索"，即把珍珠串成项链的那条线。

大部分文章的线索是时间；如果按参观的景点写，空间就是线索；将某一类内容先说，说完了再说另一类，分类就成了线索；或者先说好看的、好玩的，再说科学道理最奇妙的，最后说最喜欢的项目的特点便成为线索。

以写人为例。可以先写远看，再写近瞧。既可从上到下，也可自下而上。如果有必要，可以从头上的帽子一直写到脚下的鞋子，也可以反过来从脚到头。还可以先写衣服穿着、面貌特征、脸上记号，再写表情，如何笑、笑起来有什么特点等。

内容的安排没规律不好，但是千篇一律也是写文章忌讳的。既要有一定顺序，又不能太死板，要抓住特点，顺其自然。不怕你的笔偶尔"撑竿跳"，跳出次序插入一些特别的情节，跳出惊喜更好。

（张保安）

110 一种"提问"

顺着孩子文章的思路提出问题，指出他不够具体的地方

女儿把完成的文章给我看，其中一段这么写：

生病的时候，我好难过，妈妈很担心，立刻过来照顾我，连觉也不睡，直到我的病好了，妈妈才放下心来，真是让我感动在心。

我看完，先称赞她能记得妈妈的好，是懂得感恩的好孩子；但是，文章内容却干巴巴。

"你的文章很棒呀，不过，还有些细节要交代好。想一想，你这回生病和以前有什么不一样？"

"这次感冒，我一直发烧，全身发烫，肚子里好像有个暖暖包，一直冒汗，头发都湿湿的。妈妈喂我喝牛奶，我还吐在她身上。"

"肚子里有个暖暖包，这个比喻很好。那，你怎么知道妈妈担心你？"

"知道呀，她平常晚上要上课，我生病时，她特别请假陪我，不断地帮我量体温。如果温度降了一点，她就笑；温度升上去，她就皱着眉头。"

"嗯，这样就把妈妈担心的样子讲出来了。看妈妈这么担心，你

有什么感觉?"

"虽然身体不舒服,可是却觉得很温暖,因为不管我多难过,都有妈妈陪在身边。"

"对啦,爱不是挂在嘴巴上,能把小地方写出来,就很具体啰。你照这样去改吧!"

女儿笑着点点头,回房改稿去了。

写文章要具体,这是写作的基本要求。

很多孩子初写作文,即使面对熟悉的人物、事情,也觉得没什么好写。即使写出来,往往也是千篇一律,感动不了自己,更感动不了别人。

具体功夫不难学,因为学校的写作都是先从"自己发生过的事"写起,这些事情看得见、摸得着,只是小朋友常被作文给吓着了,一提笔就忘个精光。

家长指导时,要顺着孩子文章的思路提出问题,指出他不够具体的地方。

比如,女儿写到九族文化村玩幽浮历险:

我发现九族文化村里的"幽浮历险"比较矮,六福村里的"急速下降"比较高,感觉却是一模一样,那种既紧张又害怕的心情,现在回想起来,那股紧张的心情又从我心中涌上来。

问问孩子:"既紧张又害怕时,有什么动作?九族的幽浮历险比较矮,坐在顶端时,想到了什么?当急速下降时,心里想什么?做了什么动作?下来之后呢?"

跟着孩子的思路提问,帮他填补空洞的毛病,孩子渐渐就会明白:"原来这样写就是具体,不难嘛,都是我自己经历过的事嘛!"

"提问"多练习几次后，转而要求孩子自我提问。只要懂得自我提问，自己找出文章不具体、太空洞的地方，久而久之，孩子就能掌握"具体"的要求了。

111 两样"技巧"

鼓励孩子投稿、将孩子的优秀作文打印成册

1.鼓励孩子自己向报刊投稿。一次成功的投稿，不仅让孩子体验到成功的快乐，更重要的是激发孩子写作文的兴趣，使孩子认识到写作文并不是特别难的事情。

2.将孩子的优秀作文打印成册，让孩子感受收获的喜悦。孩子看到自己的优秀作文变成了铅字，漂亮、工整地从打印机打出，再配上美丽的、富有联想的插图，就会特别有成就感。家长还可以多打几份，送给亲戚朋友，让大家共同来欣赏。这样会很好地调动孩子写作文的积极性和主动性。

112 三项"教条"

作文就是想象，就是结构就是思想

女儿二年级的时候，老师开始教写作文。

和她傍晚散步时，我经常重复一句话："作文就是想象。"我要

她把这句话牢记在心里，写作文一定要运用想象。这样重复了一段时间，女儿在作文中运用想象的地方很多，作文写得生动形象，已经把我这个"教条"变成了自己思维的底色。

我又开始教她第二个"教条"："作文就是结构。"告诉她作文的结构非常重要，记得当时我还给她举了一个形象的例子，我说："为什么有的人长得漂亮，那是因为他鼻子、眼睛放的位置恰当，这就是结构的重要，你要想把作文写好，就得把文字组织好、安排好。"

过了一段时间，我开始重复第三个"教条"："作文就是思想。"我告诉她没有思想的作文就像一个没有头脑的人。那样的人活着有什么意义呢？作文也是这样，一定要有思想。

女儿也许不是都懂这些道理，但我不是要她有多深的理解，而是要把这些"教条"灌输给她，让这些"教条"成为她写作文时的思维底色。我认为一篇作文做到了这三条或者其中两条，应该就是篇好作文。

一个学期结束了，女儿牢记住了这三个"教条"。上三年级后，作文写的都是优，我带她散步时又开始启发她。我问她："'作文就是想象'，这是对的吗？作文真的就是想象吗？难道没有想象的作文就不是作文吗？"我要她怀疑这些"教条"，反思这些"教条"，女儿在我这样追问下，思维更加活跃，小嘴里一次又一次说出让我称赞的话来，我们谈得十分开心。

（袁志明）

113 四类"要求"

一定要扣题，要有粗有细，要真实具体，让数据帮忙

我总结了一些指导孩子作文时的基本要求，跟大家分享。

1.一定要扣题。扣题，就是作文中间的内容、结尾的结论，要和作文的题目都相吻合，观点一致。两件事必须做好：一是结尾中至少要有那么一句话，和作文的题目协调一致，有时甚至可以一样。二是一定要搬几块"大石头"把题目压住。"大石头"是什么？就是那些中间内容，它们应该能够直接或间接地得出要说的结论。

2.要有粗有细。作文的目的就是写一段或几段话把该交代的东西说清楚。既要有整体的粗描淡写，又要有局部的精雕细琢。写粗就是要概括，如可能用到"整个"、"全部"、"远看"、"从头到尾"、"概括起来"等词。写细就是要把那些不仔细看就看不出来的东西，不经历就不知道的东西写具体。如写笑，不能只说"仰天大笑"、"笑得合不拢嘴"，可以好好观察观察，脸上还有哪些明显的变化，写出一些细节来。

3.要真实、具体。写作文，可以带些想象，但不是写小说。写事、写人，都不怕普通，只要看了文字能感到好像事情正在或刚刚发生，主人公就在眼前出现就好。

4.可让数据帮忙。描写、比喻，比来比去，都是为了换个形式说清楚、仔细。有时，你再比喻也不如写上数据。女儿曾写了一篇《我登上了西安城墙》，短文虽然不长，安排挺妥当，离远说长（站在南门广场，城墙像宏伟的城门伸出了长臂拦住了去路，把古城掩护在身后），走近写高（仰望城门数红灯，脖子都酸疼了），上墙讲厚（能

并排开两辆公共汽车），最后说青砖的一句我最欣赏：

都说城墙高大宏伟，原来砌城墙的砖也不一般，我用爸爸的钢卷尺专门量了其中的一块砖，长45.5厘米、宽22.5厘米、厚9.3厘米，尺寸将近普通砖的2倍，一块顶4块，难怪叫城砖呢。

我觉得这样写，比站在城墙上光打比方要好多了。

（张保安）

114 五个"步骤"

灌，讲，写，点，赞

这次女儿在全学区作文考试中又拿了第一名，同事们非要我们夫妻俩谈谈有何高招。

我笑着对大伙说："其实也没啥，只不过是我们走活了五步棋。"

一是"灌"。在女儿一至四岁期间，我们每天都抽时间给她讲故事听。起先几乎没有什么反应，时间一长，就发生了变化，每天晚上睡觉前，女儿必须得听我们给她讲个故事才行，否则她就不睡觉。

这就是我们培养女儿积累词汇所迈出的第一步。

二是"讲"。在女儿五至七岁期间，她的脑子里已经装了不少中外童话故事。在这个阶段，我们夫妻俩总是利用领女儿野外玩耍和路边散步的机会，引导她给我们讲故事。目的是让她把记在脑子里的中外童话变成自己的话讲出来。看到什么，就引导她给我们绘声绘色地描述。每次外出回来后，我们原汁原味地记录下来，然后再读给女儿听。这就是我们为培养女儿的表达能力和观察能力所迈出的第二步。

三是"写"。从女儿上一年级起，我们就开始要求她动笔了。女儿开始按照自己的构思写起她的小文章来，在这个节骨眼上，对于女儿的作文，我们的做法是少改多讲。设法让女儿按着自己的兴趣和愿望去写，想写就写，不想写就不写，完完全全是顺其自然。这就是我们为培养女儿的作文兴趣所迈出的第三步。

四是"点"。女儿上了三年级，我们对女儿的作文要求也就不同了，比如说，作文要结构合理、语言流畅、中心突出。所以，每次女儿写完作文后，我们总是让她反复读几遍，发现问题后，在关键的章节上给她点几笔，不去动大"手术"，谨防孩子把大人的修改变成离不开的手杖，让孩子独立开拓属于自己的处女地。这就是我们培养女儿作文水平能力所迈出的第四步。

五是"赞"。孩子每一点进步，家长都看在眼里、喜在心中，不遗余力去赞扬。这样，孩子才会张开自信的风帆、踏上作文快车道。

（牛润科）

115 六种"武器"

活感觉，不怕短，写小，写细，多写，写对话

1.写死东西，找活感觉。

文章不求完美，一篇文章只要有一个亮点，一种感觉，就是珍贵的。

小学生初写作文时，写得最多的是一个人、一件事或一件物品。这些题材感受很直接，所以对小孩子来讲比较易体会和表达。这也是初习作文时必要的练习。

但要注意的是，为写而写、为记而记的写法容易把小孩子带入误区。

2.不要怕短，但要有一个好句子。

偶尔也要写一篇长文章，作为强化训练。

初学作文时，可能每篇只有三两句话，渐渐地，可以写得长一些了。写得短没有关系，但能写长尽量让他们写长。当然，要以不能让写长文章成为在学写作的过程中的负担为前提。学习写作中，只学写短文章，可能日后写起长文章来就会比较吃力。但能写长文章了，再要写短文章，很容易。

3.写小。

选择写一件十分熟悉、十分喜爱的小东西。如一只杯子、一支笔等，能写好一件小东西也不容易。试试看，能不能写好。

4.写细。

写一件小物品，能写细尽量写细，能多层面地写尽量多层面地

写。可以外观写一层，来源写一层，感受写一层，这样串起来写，形成一个有立体感的、生动的物品，就成为好文章了。

5.多写。

路子走对了，剩下来要做的就是练习练习再练习，多写多写再多写。熟能生巧，多写，就能让文字在胸中千锤百炼。古人云：何意百炼钢，化为绕指柔，就是指写多了，练久了，文字自然从心中流出。

6.对话练习很重要。

写对话也是训练孩子写作的有效方法。在学习文字之前，每一个孩子都先学会了讲话，所以，讲话就成了写作的天然老师。这个资源不利用，实在是天大的浪费。据我的经验，以写对话、讲话、谈话为内容引导孩子写作，真正可以起到事半功倍的效果。

（羊小羊）

116 七个"方法"

写好考试作文的经验总结

考试作文，肯定难。但是，不怕难！如果能做到以下几点，就能把作文写好。这是我和女儿共同总结的经验，有我教她的，也有不少是她教给我的。

1.认真读题，理解题意。这也是不跑题的首要和最基本的要求，题目再简单也读三遍，认真对待不耽误时间。题目一读如果拿不准，一定把题目的断词看仔细，应向简单的方向理解，这样不会耽误太多的时间。

2.写什么严格按要求。要求写什么就写什么，人写熟悉的，事写经历的，物写喜爱的。说写物不能写宠物，说写动物不能写不动的物（玩具）。体裁形式，一般也应按要求，如果没有具体要求，应先考虑主题内容，拣思路最清晰的写，再考虑自己最擅长、顺手的特长。一句话：主题和内容永远是关键。

3.简要构思总体安排。中间内容最重要，一定要先把石头挑一挑。虽然结论一般在最后，但先要有初步意见。尤其要记住最重要的这句话：结构有三，首先和首选"开门见山"。

4.像讲故事说话一样。作文不是聊天，但可像讲故事说话一样。言语朴实是美，但最好有点点缀，成语、形容词用到合意最好。女儿说：写顺当得意了，写这句，想下句；笔不顺的时候，就想一句写一句；写不下去，该停笔停笔，前后想仔细。我说：一口气说不完的句子就太长了，长了就不好理解，也不好读。虽然省了标点，但容易出大错。

5.一定要用些修辞。无论如何，三五个地方要用上两三种修辞。其中技巧太多，我和女儿一致认为：说人比人，不如说人比物；说事比事，不如比风景。还有，说这像那、说物像人。说人如物是比喻，但不是拟人。拟人，是把物当人说；把人当物写，是拟物。刚写到这儿，女儿凑过来又教我："'看，你又翘尾巴了！'是最典型的拟物。"平时开玩笑多练练，用心多学习，看别人，想自己，多试着比喻比喻。

6.内容力求真实。文学写作不一定真实，但小学生写作文一般应力求真实，当然，写理想、幻想的除外。写真东西，就是为了写真实；不真实的，功力不够难写成真。如果真的要写不曾见过的，那就凭借充分的想象，好比真就发生在眼前，合上眼睛想一想。想象是啥就写啥，和真的一样。

7.作文的文采。什么是文采？答：夸张、双关、谐谑、幽默等，恰到好处、意味深长、不同凡响，就是文采。文采从哪里来？答：从我们心中的最中心来。文采写在哪里好呢？答：哪里都好，显眼的地方更好，老师打分前刚看过最好。

（张保安）

第 **5** 辑
过程指导篇

古人说：磨刀不误砍柴工。

如果说前面的阅读积累、兴趣习惯、观察口述、

方法技巧，都是"磨刀"的话，

那这一辑的过程指导，就是实实在在的"砍柴"了，

前面"磨得好"，后面"砍柴快"。

很多家长认为，作文很难教会，

于是扔一些作文书给孩子，让孩子自己读。

这大错特错。

作文本身就是生活，

教孩子作文，就是和孩子一起享受生活。

读读下面这些家长的做法，一切就都明白了。

117 如何教孩子写作文

要尽量避免孩子把一些好词好句生搬硬套地塞进自己的作文

一、构思

孩子的构思阶段，我们可以和孩子就某一个主题展开讨论，并把相关的想法罗列出来，让孩子搜集与主题相关的概念和观点，最终明确自己的写作方向。

在这个阶段，要仔细聆听孩子的想法，等孩子有了一个完整的思路后，我们再适时告诉孩子自己的观点，不需要告诉孩子该这样写或者那样写，一定要注意培养孩子独立思考的能力。

二、打草稿

打草稿是写作中一个重要的步骤，也是孩子正式动笔的第一步。我们要让孩子根据构思的想法，把和主题相关的内容详细地写出来。

在这个步骤里，要让孩子注意：字与字之间要保留一定的空隙，每段之前要空两格，上下行之间也要保持一定的距离等，以便于后期的修改。等草稿完成以后，让孩子看一看，读一读，除了主题内容以外，是不是还能获得更多的信息呢？

三、修改

修改是为了让孩子改进自己的作品，让文章中的主题更加鲜明。总的来说，修改有四个层次：通篇修改、逐段修改、逐句修改和逐字修改。

一般来说，初学写作的孩子，大段落的增删情况不太多。我们可以重点在孩子的段落设置、句子格式以及字词、标点符号的准确运用上来下工夫。不通顺的句子要教孩子划掉重新排列，查出写错的字词要划掉，在错字的上方进行更正，标点符号也要认真检查，及时修改。

修改阶段在文章的写作中占有很重要的地位，一定要让孩子重视。在修改文章的时候，如果孩子有了什么新的想法，也要鼓励孩子添加上去。

四、定稿

好了，经过构思、打草稿、修改一系列的写作，孩子的作文已经有了一个雏形了，那么再认真检查一遍，如果没有什么问题就把它仔细地抄写下来，要注意作文格式、书写认真、字体工整哦！

另外，在孩子学作文的早期练习中，还要尽量避免孩子把一些好词好句生搬硬套地塞进自己的作文，一些华美的辞藻也尽量少用或不用。如果在孩子稚嫩的语句里到处充斥着刻意模仿他人的痕迹，会渐渐磨灭孩子的写作技能和思考方法，这将直接影响到孩子今后的创作能力。

118 如何教孩子写全面

从一字也写不出，到能写几句话，直到能完成一篇不错的小短文

女儿写了篇作文，叫《家乡的秋天》，正文如下。

家乡真美，家乡的秋天更美。

秋天，家乡田野里的庄稼成熟了，一片金黄。农民们在农田里开心地笑了。小河里的鱼来回游动，虾儿也在嬉戏游玩。

家乡的秋天真美呀!

尽管女儿的作文比较短,写的也比较空洞,但我还是表扬了她,毕竟女儿才刚刚学作文,而且从写不出一个字到能写上好几个句子,进步挺大的。但我并未就此满足,又以女儿的口吻和视角亲自写了一篇文章(指家长或教师写同题作文。把写作比作游泳,要教会别人游泳,教练必先下水示范):

家乡的秋天

星期天上午,爸爸带我到田野里去看秋天的美景。家乡的秋天真美啊!

秋风轻轻地吹着,凉爽宜人;蓝蓝的天上飘着几朵白云,阳光照在身上暖暖的,比夏天温和多了。路两旁的树叶被风吹得沙沙地响,有些已经变黄了,还有的正打着旋儿往下落。地面上铺满了枯叶,踩上去软软的。

小河里的水特别清澈,清得可以看到水底的小鱼和杂草;水里的芦苇随风摇曳,好像在向人们展示着美妙的舞姿,虽然上面的苇叶还是绿的,但往下却渐渐变黄了,最下面已经干枯了。我们还看到了路两旁正盛开的牵牛花,紫红色的喇叭花儿衬着路边黄黄的小草,显得特别美丽。

田野里的玉米快成熟了,每一棵玉米上都长了一个或两个大大的玉米棒,沉甸甸的;农民们在菜地里忙碌着,他们在给嫩绿的蔬菜施肥和捉虫子;我们还看到了一大片的水稻田,绿中透着黄,微风吹过,稻穗左右晃动,似水面泛起一片黄绿色的波浪,又好像在对我们点头微笑,清香的水稻气息扑面而来,沁人心脾。农民们的脸上都充满了丰收的喜悦。

啊，秋天的景色真美啊，我爱家乡的秋天！她不但美丽，而且还是收获的季节！

文章写完了，我把女儿叫到身边，让她用普通话有表情地读给我听，由于是亲身经历的，女儿读得特别投入。读完后，我问女儿："这些都是你今天看到的、听到的、体验过的，是吗？"

女儿点了点头。接着女儿又想起什么似的，对我说："爸爸，可是我们还有许多看到的东西你都还没写呢？"

我笑了，肯定了女儿的说法，并告诉她："写文章，并不一定要把看到的、听到的东西都写出来，只要写出主要的就行，有时还要根据文章的需要取舍。写作的顺序既可以按经历的先后写，也可以适当重新安排。"女儿又点了点头。

接着，我把文章收起来，叫女儿模仿我的文章再重新动笔，充实作文的内容，女儿愉快地答应了。

女儿改写后的作文如下。

家乡的秋天

家乡真美，家乡的秋天更美。

微风轻轻地向我们吹来，天空飘着几朵白云。在小路的两旁，树上的叶子被一阵风吹落了很多。路面上落满了枯黄的树叶，用脚踩上去软软的，很舒服。

河水很清澈，可以看到小鱼儿在水里游，水里的芦苇随风摇摆，好像在展示着美丽的舞姿。农民伯伯们在菜园里给大白菜施肥、捉虫子；田野里庄稼成熟了，一片金黄。

啊！家乡的秋天真美呀！

虽然女儿后来的文章还是显得粗放简单点，但我很满意，表扬了她。对于刚刚学作文的小学生来说，进步是很明显的：从一字也写不出，到能写几句话，直到又能完成一篇不错的小短文，这已经很不错了。

（王群）

119 如何教孩子写具体

孩子的头脑中不是没有素材，而是有太多的素材

如何让孩子学会把头脑中的意思表达出来呢？无非就是"5W1H"，也就是what（什么）、who（谁）、when（什么时候）、why（为什么）、where（哪里）和 how（怎么样）。

拿女儿《我的小猫真可爱》一文为例。第一句是"我曾经养过一只猫"，我就问小女一连串的问题。

"曾经养过到底是什么时候？"（when）

"养了一只什么猫？白的还是黑的？小的还是大的？"（what）

"为什么会养猫呢？"（why）

"猫是从哪里来到？"（where）

"猫是谁给的呢？"（who）

"你是怎么养猫的？"（how）

……

女儿一一回答了我的问题，我就告诉她把知道的都写出来，写作

文就是要把自己知道的、想告诉别人的东西都写出来。自己知道但是不写出来，别人怎么知道呢？

我把5W1H写在本上，让她在写作时能经常问自己这几个问题。

女儿经过我的"5W1H"提问，很快就有了《我和小猫》一文的第一段。原先的一句话经过"5W1H扩写法"就扩写成了一段文字：

我四岁时（说明了when），邻居家里有一只很可爱的猫，我也想买一只猫，就告诉妈妈（说明了why）。一天一大早，我被一阵猫叫声吵醒了，我一睁开眼睛，就看见妈妈抱着一只小猫走过来，我惊喜得简直不敢相信自己的眼睛，于是便揉揉自己的眼睛。结果是真的！（说明了who、what、how、where）

写完这一段，我就趁机鼓励和赞赏她，肯定她的成绩和进步，要求她继续写下去。

前面讲到的"5W1H扩写法"，家长老师们指导孩子写作用起来很方便。若孩子写作文无话可说，你就不断地对他发问"5W1H"，不断地让他回答，然后把回答内容汇总写出来。记住，这只是第一步，先不要管切不切题，也不要管语句通不通，先让孩子有话有文字并把它们写到纸上，修改调整那是下一步的事。

很多教孩子写作文的文章认为，孩子写作言之无物是头脑中没有素材，所以要让孩子多听多看多观察，从而积累写作素材。我认为，孩子的头脑中不是没有素材，而是有太多的素材。那孩子为何感觉没东西写呢？这里主要有两个原因：其一，孩子缺乏对所听所看所感进行加工、处理、"艺术化"的能力；其二，孩子头脑中从小积累的素材，不知如何应用到作文中去，或者说是有可写材料的不写，要写那些没法写、不会写的内容。

120 如何教孩子打开思路

当孩子找不到思路时，要帮助他找到那把开启思路的金钥匙

每当王子的习作发表时，我被问得最多的一句话就是："是你帮孩子润饰修改后发表的吧？"

刚开始，我还会认真地回答："没有，我只是指出其中写得不好的地方，让他自己修改而已。"随着这样的情况不断出现，我干脆以笑作答。我实在无法理解为什么父母要帮孩子修改习作去投稿，就为了虚荣心吗？

王子的写作水平的确比较高。我这个成年人除了能帮他打开思路外，在驾驭词语与想象力方面真是不如他。说句玩笑话：我哪有水平替他润饰语句？他那充满童心的文字也绝不是我这个"世俗"的成年人所能表达的。

就拿他的作文《爱闹脾气的风》来说吧。老师在周末布置了描写动物或者景物的作文，王子写了一个多小时还不知从何着手。这孩子在写作上有一大优点，就是不愿意重复曾经写过的题材，喜欢求新写新，难度当然就比较大了。

看到这情形，我决定帮他开拓一下思路，可想了一会儿之后，也觉得没有什么可写的。这时，我打开了阳台门，一阵穿堂风呼呼地从家中横穿而过，植物的叶子发出啪啪的声音。我好像有了灵感，对王子说："可以写风呀！"王子一听这话，先是兴奋，一瞬间又变得无比沮丧："风看不见，有什么可写的？"我一边思考一边踱到落地窗前。望着对面天台上摇曳的竹子、远处迎风飘扬的红布条……构思渐

渐地有了雏形。

我转过身，对儿子侃侃而谈："风粗看无形，但只要你仔细观察，就可以从听、看、摸、闻等几方面去写。例如树叶的沙沙声、海浪的怒吼声属于听，迎风而动的布条、湖泊的涟漪属于看，风吹到脸上痒痒的感觉不就是摸吗？别人做饭的香味也会乘风而来。把它们用一条线索联系在一起，调动你平时积累的写作知识，发挥想象力，一篇'华丽'的习作不就产生了吗？"听完我的话，王子快乐地说："老妈，我懂得如何写了！你就等着拜读我的大作吧！"

半小时后，王子真的交上了草稿。孩子眼中的风调皮捣蛋又充满人性，让我禁不住对他竖起了大拇指。这篇习作后来得到老师的好评，并发表在报纸上。拿到报纸的那天晚上，王子兴奋得一遍遍对我说："为了这一天，我努力写了三年啊！真是太爽了！"

在教王子写作的路上，我最大的体会就是：每一位优秀的孩子背后都有父母付出的大量精力。当孩子找不到思路时，要帮助他找到那把开启思路的金钥匙。与其为了发表帮孩子润饰语句，不如把眼光放长远点，教孩子从身边寻找写作素材。授人鱼，不如授人以渔嘛。

（林云雀）

121 如何教孩子快速构思

让孩子养成五分钟完成构思的好习惯

我的方法是：五分钟构思，一分钟分析题目或给出的条件，一分钟想着写什么，一分钟定习作题目，两分钟把构思列成框架并把这个框架记录下来。

就拿这周的周记先做试验，命题是：写写我的同桌。我引导着翔："这个同桌，你是怎样理解的，是不是单指你现在的同桌？"翔回答不是单指现在的同桌，而是从一年级到现在的都可以。"对了，理解得非常好，那么我们现在马上就要想一个个性非常鲜明，你最喜欢的同桌。你现在想想，最想写的是谁？"我再引导，翔想了不到一分钟说："妈妈，我想写我三年级的同桌陈熔辉，我最喜欢他，对他也最了解。""非常好，写人物，当然一定要最了解的人才能写好。人物对象已确定下来了，我们就要开始为这个周记取名字了，你想想题目定什么比较好呢？"我马上拿出笔来记录。翔想了想说："我的同桌陈熔辉。""嗯，这个名字让人看了一目了然，但不够有新意，你可以再想想，比如：让我爱恨交织的同桌。"我边说边记录。翔哈哈大笑说："还可以取：让我又爱又恨的同桌。可是他没有什么东西让我恨啊，哈哈……妈妈，你看取这个好不好：让我记忆犹新的同桌？""好，这个非常棒，就用这个了。"翔的思维非常敏捷灵活，只要点到，就可以发挥，这点非常好。

题目已定下来了，接下来该构思怎样写了，翔略思考了一下说："开头，我要交代一下陈熔辉是我什么时候的同桌，为什么要写他？""不错，这个头非常关键，好的开头一定可以为文章增色不少。接着呢？"我表扬着翔。翔继续说："第二段，我要写他的外貌特点；第三段，我要写他的性格特点，比如他乐于助人，喜爱交际；第四段，我重点要写他博览群书，画画非常棒；第五段，我要写他的缺点；第六段，就是结尾了。妈妈，你看这样行吗？""天啊，翔，你简直太棒了，对，就是这样构思的。翔，你看，这个构思框架已出来了，现在我们用时刚好五分钟。"我亲着翔表扬道。在翔说的过程中，我已把翔说的话写下来了，构思框架如下。

题目：1.我的同桌陈熔辉；2.让我爱恨交织的同桌；3.让我又爱又恨的同桌；4.让我记忆犹新的同桌（这个是我们要用的，画上横线）。

第一段：开头，交代陈熔辉是我什么时候的同桌，为什么要写他。第二段：外貌特点。第三段：性格特点：比如他乐于助人，喜爱交际。第四段：重点要写他博览群书，画画非常棒。第五段：他的缺点。第六段：结尾。

翔看到如此明朗的写作构思框架，咧着嘴开始动笔了。我呢，也咧着嘴去干家务了。也就过了40分钟，我的衣服才洗了一半，翔就告诉我，他已开始结尾了。最后，总用时才48分钟。我告诉翔，在规定的时间内，他还有12分钟可以检查。翔赶紧自己读了一遍，并检查出了若干错字，总计用时50分钟。虽然这篇文章没有写得非常好，却是第一篇构思快、根据构思框架写出来的文章。第一次能够达到这样的效果，我已非常满意了。

（翔妈）

122 如何教孩子写够字数

他从此像开了窍，作文越写越长

孩子写作，碰到的一个问题是：如何写够字数。很多家长说：我家孩子说起话来滔滔不绝，可是一到写作文就硬挤也挤不出来。课外书看了不少，也很喜欢阅读，可是写起作文来，还是不容易写得长。

参加作文培训，在课堂上还明白，回到家里又是原样了……

大人可以做的是，引导孩子将自己的感受变成书面语言。

秘诀一：熟读课文，好词好句来自课文，"熟读唐诗三百首，不会作诗也会吟"，没有什么比消化课文更重要的了。

现在小学的课本图文并茂，辞藻优美，内在逻辑结构合理：写人的一个单元，状物的一个单元，写景的一个单元，只要孩子在课内背诵好了，写作文的时候，照猫画虎：好词好句可参考，结构方式也可以参考。

老师布置的作文，也是循着课文的编排来的：这几课都是写人的，那么作文就是写人。

秘诀二：引导孩子观察，给孩子一根穿起这些"观察"的"红线"。孩子眼睛清亮，看身边的世界无比的清晰和丰富，只是要转化为文字，需要逻辑，也就是穿起他看到的东西的一根"红线"：方向性的适当启发，要她从几个方面去写，打开思路。课本其实是很好的参考，比如写地方，要分前后左右，近看远看；写人，要写外表、动作、趣事。

以写"公园"为例：

沿着时间的轴，孩子可以写白天、黑夜，春、夏、秋、冬四季，这些在他们课文上有很多范文可模仿。

沿着方位的轴，孩子可以写一进门看到的，近景、远景，东南西北，天上地下。

可以加入人物，和谁逛公园，有什么趣事……

可以加入动物，写在公园看到的动物：湖水中的鸭子、树上的鸟儿、草丛的蝴蝶，地上的蜗牛……

培养孩子的观察力，无需带着她周游世界，只需慢慢引导，这么多的东西，哪一个都是无尽的资源。

秘诀三：从孩子最感兴趣的角度开始。老师的命题作文，是一定要按规定完成的，似乎是由不得孩子发挥自己的灵性，但是家长如果能通过自己对孩子的了解和观察，把他的兴奋点抓住，在命题作文中，从孩子感兴趣的角度去引导，不但能"下笔如有神"，也很可能就此真正开启孩子这方面的潜力、兴趣……

好友的儿子是个聪明的大男孩，动手能力、数学成绩一流，就是不喜欢作文。长假的最后一天，还在为作文《记一件趣事》纠结。妈妈带他来散心，想要他观察一下大自然，然后完成作文。可他心里还记挂着游戏，不想出去玩，但作文还没完成。

他跟着大家在草坪上没情绪地走，想让他像女孩子那样赏花观草写文章，是不可能的了。这时旁边几个小男孩开始围着一个地方看，大呼小叫的，好友的孩子也跑了过去，也开始跟着大呼小叫，我和好友凑过去一看，原来是类似四脚蛇的半尺长的小动物，趴在地上晒太阳，孩子们有的说是"蜥蜴"，有的说是"壁虎"，有的说是"蛤蚧"……这只小家伙应该开始是安静地趴着晒太阳，被众多的声音吵着，开始支起身体，转动眼睛准备逃跑了……那位大男孩胆子最大，从地上拿起一根树枝，捅过去，那只小家伙"刺溜"一下就钻入草丛不见了……男孩子们追之不及。

整个过程，这位大男孩玩得津津有味，回头还恋恋不舍。我问他能不能把刚才的过程说出来，他说可以，滔滔不绝地把如何听到声音，过去看到了什么，大家如何议论，他如何用棍子捅，那家伙如何逃了讲了一遍。

我建议他把刚才说的写下来，就是件有趣的事了，回去可以上网看看，到底是什么动物，把它加到文章里，就十分完美了。他妈妈说，他后来一下子就写了满满两页纸，而且文章第一次被老师评了"优秀"，更有意思的是，他从此像开了窍，作文越写越长，他老妈再也不用为他的文章而发愁了。

（主妇潇潇）

123 如何教孩子精彩叙述

建议家长每天至少讲一个故事给孩子听，而且要绘声绘色

孩子要会写文章，首先得学会叙述。要想孩子会叙述，家长先要做示范。

好多家长只在和孩子一起写作文时，才会叙述事情，平时根本就是直奔结论。建议家长每天至少讲一个故事给孩子听，而且要绘声绘色。

——宝宝，老妈早上送你回来走到校门外时，呀，天灰蒙蒙的，细细的雨密密地下着，老妈头上都是小小的水珠，像戴了很多珍珠呢。马路上都湿了，有的地方还积了水，踩上去"啪啪啪"的。老妈走到一条沟边上，想跨过去，哪知道脚落下去的地方有块橘子皮，脚站不稳了，啊呀呀，连摇五下手臂都没站住，就听见"啪嚓"一声，你猜怎么了？

——哈哈哈，妈妈摔倒了！！

——妈妈摔了个四仰八叉，半天起不来呢！

平时你一定这样说："妈妈今天摔了一跤。"数一数，才几个字？而且这样说，根本就没让孩子参与的意思，小孩也就没自信在你面前说事情。详细说的好处至少有两个：第一，孩子有丰富的想象力，他会在脑子里演绎你说的情景，对不对得上号没关系，只要他入情入景就好。第二，他感受到你的重视，以后会更多更积极地参与。

其次学会完整叙述。引导孩子完整叙述，不能光你讲，也得让孩子讲。

每个家长都会问孩子在学校的事，但都是让孩子做是非题或者选择题，孩子还没开始叙述，就被你生生封杀了。

——妈妈，妈妈，我告诉你一件事。（孩子热切拉扯着妈妈的衣服）

——说吧，快说，妈妈正干事呢。（正眼也不看）

——妈妈，今天小明和小杰打架了。

——啊？有没有打你啊？（有，没有）

——没有。

——老师知道了吗？（知道，不知道）

——知道了。

——小朋友打架对不对啊？（对，不对）

——不对。

——你不要去打噢！

——嗯。

——下次有小朋友打你，你就去告诉老师。

——（无语）

163

——妈妈说的听见了吗？有没有听见啊？

——听见了。（转身跑掉了）

——这孩子，唉。（无限惆怅状）

你是不是这样问的？多无趣啊，教师一定已经教育一通了，你又来，烦不烦呢？久而久之，小孩就懒得和你说事了，活活憋死你。

——妈妈，今天小明和小杰打架了。

——是吗，快说给妈妈听听（放下手里的活，至少，边干活边正视着孩子）。是什么时候的事啊？（记叙文六要素之发生时间——要让孩子准确说出上下午、第几节课等）

——在什么地方吵起来的啊？（六要素之发生地点——准确说出具体地点及特征）

——怎么就会吵起来呢？（六要素之事情的起因）

——后来呢？（六要素之事情的经过。这是重点，一定让孩子讲得绘声绘色，可以和孩子一起模拟动作、情态及双方的情绪反应等。多用象声词、形容词。当然要注意别将严肃的事情演示得太过轻松滑稽）

——你是怎么看出小明的拳头很有力？（看到小明的脸憋得红红的，诸如此类）

——小杰被打的地方怎么样了？

——小杰哭的声音有多大啊？

……

六要素之事情的结果，我就不多说了，你自己会问了吧？总之，整个过程要全身心投入，并且愉快自然，让孩子非常愿意告诉你事情。其实，只要你全心参与孩子的话题，他是很愿意什么都告诉你的。

你经常这样提问，孩子就会在观看事情发生时注意那些你会问的东西（记叙要素），你愿意听他分享过程，他就会绘声绘色。好了，完整有了，生动也有了，只要给他一件事情，写400~500百字应该没问题。

最后学会多角度叙述。

平板记叙，就只停留在记流水账的阶段，所以在记叙事件中，只要遇到能感受的事，就得设法调动所有的感官，让孩子体会各种感觉器官带来的不同感受及它们之间融合后的奇妙和哲理。

端上一碟菜，招呼孩子：

——闭上眼睛，用鼻子闻闻，说出菜里都有哪些气味？（酱、葱、蒜、菜香、酒、糖等）

——看看有几种色彩？看到颜色好看的菜，身体会有什么反应？（嘴里会有口水、肚子会更饿等）

——尝一尝，细细感觉，说一下嘴里的各种感觉。（咸、淡、软、硬等）

父母再讲一下整个烧制过程，重点介绍各种用料对最后结果的作用。

再来，让孩子一起帮你挑衣服，包括颜色、款式、质地、价位、年龄、适合穿着的场合等。

生活中随时随处随事都可以对孩子进行训练。要注意，所有的活动都是跟孩子的互动，涉及的方面越多越好，角度越新奇越好。

124 如何教孩子细致观察

那一刻我意识到，这将是一个引导儿子观察的绝佳机会

去年夏天的一个晚上，一只倒霉的蝼蛄撞上了我家客厅天花板上蜘蛛布下的丝，悬在了离天花板七八十厘米的空中。它凌空使劲挣扎着，而一只蜘蛛正从天花板上往下滑。那一刻我忽然意识到，这将是一个引导儿子观察并写作的绝佳机会。我大叫："挥弦，快来看，蜘蛛和土狗儿决斗了！"挥弦一下从床上爬了起来，兴奋得直蹦。

"仔细看，瞧蜘蛛怎么捕食蝼蛄的。"我叮嘱道，然后找来相机拍摄。父子俩屏住呼吸，站在沙发上目不转睛地看着蜘蛛慢慢接近蝼蛄，那蛛丝儿晃晃悠悠的。我用相机拍摄着，却又怕闪光灯惊动了蜘蛛。

"蜘蛛个头这么小，它怎么对付比它大这么多的蝼蛄呢？"我问儿子。

"蜘蛛丝可结实了，它还有毒液，那可是致命武器。"儿子对蜘蛛充满信心。

"好吧，那我们就看看蜘蛛是怎样解决蝼蛄的。把你看到的写下来，一定是不错的文章。"我鼓励儿子。

小蜘蛛趴在蝼蛄背上一动不动，我和儿子轻声讨论，那是在注射毒液吧。果然，蝼蛄的挣扎不怎么厉害了。过了一阵子，小蜘蛛开始围着蝼蛄的身体转圈，似乎不知疲倦。儿子眼尖，说是在用丝绑它。蝼蛄的挣扎渐渐慢了下来，偶尔动一动。小蜘蛛忽而离开蝼蛄的身体顺了蛛丝爬回天花板，隔一小会儿又滑下来在蝼蛄身上缠绕几圈，如此反复了好多次。儿子说，小蜘蛛回到天花板也许是为了更好地固定它的网。

"你说这时候蜘蛛心里想什么？蟑蛄临死前又会想什么？怎么形容蜘蛛和蟑蛄这时的心情呢？"我抛出一串问题。儿子歪着头想了想说："蜘蛛很累，可感觉像发大财了。蟑蛄么，哈哈，只怪自己倒霉哦！"

"那我们就把今晚看到的写下来，亲眼所见一定写得生动。"我趁热打铁道。儿子高兴地答应了。

早上起床的时候，儿子惊奇地发现蟑蛄掉在了地上，肚皮瘪瘪的，身体上罩着一层白纱。天花板上，小蜘蛛一夜之间似乎变大了些，估计是饱餐一顿后体形增大了。昨晚后半夜在我家的客厅究竟发生过什么？蜘蛛是否是主动放弃了把蟑蛄拉到天花板上去，还是夜半的风吹断了蛛丝呢？我不得而知。想着儿子将要写的作文，我觉得我也应该记述下来，到时候，父子俩交换欣赏彼此的习作，这个过程一定很快乐。

（罗晓艳）

125 如何教孩子写精彩

好的文章，有趣的地方就要写得有起伏

"文似看山不喜平"，幸福人生应该一帆风顺，可好的文章，有趣的地方就要写得有起伏。

三年级的小朋友，已经开始了作文课，老师对每个阶段的作文也有具体的要求，作为家长，配合老师的要求是责无旁贷的。作文的要

求有时候是记人，有时候是记事。

记事最容易流于平铺直叙，春游一次，照例就会有记春游的作文，从出发到过程，到回来，流水账记下来，也是一篇文章，可味同嚼蜡。其实每个孩子在游玩过程中一定是兴致勃勃的，如何详略得当，不平铺直叙，要从孩子最感兴趣的入手，打开思路。

我问孩子整个春游的环节玩得最开心的是哪个环节，她说是"鬼屋"，还兴致勃勃地描述了她们几个女孩子，本想找一个男孩子做挡箭牌，结果进去了才发现，所有的人都躲在了她的身后，紧紧地拽着她的书包和衣服，其中包括几个平时高大的男孩子……当时，一个女人的声音飘荡过来，好恐怖，带着长长的回音。

我建议她的这篇文章可以这样布局，什么坐车、到达、吃饭都可以略写，应把进"鬼屋"的过程好好写写，集中写以下几方面。

——听到了什么，看到了什么。

——同学的反应，集中写两三个同学。

——出了鬼屋自己的感受是什么。

作文简单来说，就是用文字记录生活，诉说生活，表达想表达又没能表达的情感，从而引起共鸣。孩子们都是有情感的，每天都在感受生活，每天都有各种不同的体验，每天都有值得用文字记录的成长轨迹，需要的是教孩子如何记录生活的老师。

（主妇潇潇）

126 如何教孩子写生动

语句生动的作文，一定修辞用得好

1.写片段作文，是训练孩子细节描写的好方法。片段作文字数比较少，孩子不会太反感。比如，天气很热、妈妈愤怒了……要求孩子写片段，片段中不能有"热"、"愤怒"字样。示例如下。

街上的柳树像病了似的，叶子挂着层灰土在枝上打着卷；枝条一动也懒得动，无精打采地低垂着。马路上一个水点也没有，干巴巴地发着白光。狗趴在地上吐出红舌头，不停地喘着气。小贩们不敢吆喝，柏油路晒化了，甚至于铺户门前的铜牌好像也要被晒化……

妈妈跺着脚，瞪大了双眼，指着我的鼻子，一个字一个字地从她嘴里蹦出："你给我出去！"

2.词语扩句、扩段。这种方法对于初入学和初学写作的孩子都很实用，比如出几个词语：小狗、白云、香蕉、跳绳，请用这几个词语编写一个故事，或者写一段话。

3.多用修辞。语句生动的作文，一定修辞用得好。所以，生活中有意识地引导孩子多用修辞就是一个好方法。比如看见垂下的柳条，和孩子来个比赛，看看谁用的比喻好。

（晴空万里1225）

127 如何教孩子写形象

如果没有细节描写，再动人的事情，也不会打动读者

　　我在评论儿子的作文之前，先对儿子说了一个通俗易懂的比喻：
"我们盖房子，需要什么东西，你知道吗？"儿子当然能说的上来，
我再问他："如果把这些东西胡乱地堆放在一起，能成一座房子
吗？"儿子摇摇头，我告诉他："写作文也是这样，你身边有好多的
事情，你不能把这些事情一一写下来呀，你要选你最需要的，这就是
作文的选材。"然后，我指着儿子试卷上的作文说："你在这篇文章
中选择的事例就太多了，虽然这些事情都是你自己亲身经历的，选得
太多，让人读起来就没有什么重点了，当然也就不能打动别人。"儿
子点点头，我接着对他说，"你可以选择爸爸来写，就把那一件事，
详详细细地叙述下来，好吗？"接着，我帮儿子在脑海中再现了去年
冬天的情景，儿子高高兴兴去写了。

　　过了一会儿，儿子兴高采烈地告诉我："妈妈，我已经写完了，
写了198个字呢。"听了这话，我没有吱声，为了给他降低这次训练的
难度，我特意告诉他，这次作文只写这一个片断，不用想开头和结
尾，我的计划是儿子能写出三百字左右的片断来。打开儿子的作文本
一看，儿子把爸爸拉着他在雪地里滑冰的场景，只用一句话就写出来
了："爸爸把绳子拴上，拉着我跑。"我没有对儿子多说什么，告诉
他："一座房子，如果只有空空的外壳，漂亮吗？""当然不漂
亮！"儿子毫不犹豫地说。"那我们装修一下，房子就会变样的！"
我接着儿子的话题告诉他，作文也是这样，如果没有细节描写，再动

人的事情，也不会打动读者。我坐在儿子身边，一个个细小的环节都提示他，这情景好像又回到了三年级的时候。不一会儿，儿子的作文完工，这次的确改动了不少。

将儿子的前后两个片断，附在下面：

在一个大雪纷飞的夜晚，我患上了支原体肺炎，爸爸带我去了医院，明天还要来打针。回到楼下，小朋友们都躲着不跟我玩。我伤心极了。爸爸说："儿子，没关系，我和你一块玩。"爸爸把储藏室翻东倒西地弄了一番。找出我小时候用的浴盆。把绳子拴上，拉着我跑。小朋友们直流口水，我也开心多了。爸爸带我环游了这个小区。

修改后的片断：

在一个大雪纷飞的夜晚，我因为患上了支原体肺炎，要去医院治疗。回到楼下，看到小朋友们在雪地里开心地玩耍，我也想加入他们，可小朋友们都躲着我，不和我玩。我伤心极了。爸爸走过来安慰我说："儿子，没关系，我带你玩吧！"

爸爸来到储藏室，把里面的东西翻东倒西地弄了一番，找出了我小时候用的浴盆。爸爸又拿出一根绳子，用螺丝刀在浴盆放香皂的地方钻了一个小洞，然后在洞口拴上绳子。我瞪大眼睛，好奇地看着爸爸。爸爸一笑，对我说："好，完工了！儿子，上来试试吧！"我怀着强烈的好奇心，坐进爸爸为我做的"滑盆"。爸爸迈开大步，在雪地里飞快地跑，我坐在"滑盆"里，看着被我甩在身后的一个个小朋友，开心地笑了。小朋友们都追着我，紧跟在我身后，大声惊叫："哇——好厉害哦！"

爸爸拉着我，环游了我们这个小区，当我们停下来的时候，我看见爸爸已经满头大汗了。

修改完，儿子看着两篇不同的作文，惊讶地说："一篇短文竟然可以改成这么长的啊！"

最后在电脑上统计了一下，儿子上篇作文的字数是147，下篇是358。

（盈盈水间）

128 如何教孩子写曲折

写文章从写句子开始，文章要峰峦起伏，句子就得跌宕多姿

女儿正读小学一年级，第一学期学完汉语拼音后，刚开始学一些生字，老师就有意识地给他们做"写句子"的训练，会布置一些这样的作业，比如：用某个词造句，模仿例句写句子。

难度不是很大，比如例句：丁零零，丁零零，我听到自行车的声音，我想是爸爸回来了。要求写的句子：＿＿＿，＿＿＿，我听到＿＿＿声音，我想＿＿＿。

我女儿仿写的句子是：哗哗，哗哗，这是自来水的声音，我想是自来水龙头忘关了。

这句话没错，在一些公共场合，的确有这样的场景。但我要求她再仔细看看例句，重新写。

女儿看看我，看看例句，一脸茫然。我就问她："例句里面，听到自行车铃声后，'我'想到的是自行车吗？"

"不是，想到的是爸爸。"

"对呀，这里就像走路拐了个弯，从一个事物想到了另一个事物。这样弯弯曲曲，是不是比平平直直更有趣？"

于是姑娘擦掉原来写的句子，重新写道：哗哗，哗哗，这是自来水的声音，我想是妈妈在洗衣服。

我还是不满意，说："自行车的声音想到爸爸回来了，自来水的声音想到妈妈洗衣服，这样的联想挺省事，我可不喜欢省事。"书上刚好有幅雨滴的插图，我就指着插图说："就写雨。"

女儿于是写道：滴答，滴答，这是雨落在窗户上的声音，我想是下雨了。

果然被我猜中，她会写"雨落在窗户上的声音"，小脑瓜一点也不动啊。我说："你都知道是雨落在窗户上的声音，还需要想是下雨了吗？你去阳台上看一看，滴在窗户上的是什么。"江南春季多雨，那会儿正好在下雨。

姑娘去了阳台，回来写道：滴答，滴答，是水落在窗户上的声音，我想是下雨了。

有一次，我看到作业最后一项是看图写话。图是一年级小学语文课本上古诗《村居》的配图，画上画的是绿柳青草，孩子们在放风筝。句子的要求是写清楚：谁，什么时间，在什么地方，干什么，最好再描述一下干得怎么样。

我想象一下，如果我是一年级小朋友，可能会去套题目的要求，这样写：春天来了，小朋友们兴高采烈地在田野里（这个田野里是我们上小学那会儿的水词，玩耍没有不在田野里的）放风筝。

我是小看如今的一年级小学生了，我女儿写的是：春回大地，柳树和小草换上绿衣裳来迎接春姑娘。小朋友在草地上放风筝，放得很开心。

　　第一句写得好，像一篇文章，开篇很好。可接下去，因为没有动脑子去更深入思考，潦草完事。

　　我说："第一句写得好，那后面的句子怎么不接着迎接春姑娘这样的思路写下去？春姑娘来了吗？她干什么呢？小朋友放风筝和春姑娘有没有关系呢？柳树和小草都换上新衣裳了，风筝在干吗呢？"

　　一下子问题太多，女儿抓住了最后一个，说："风筝在天空中飞来飞去，和春姑娘做游戏。"

　　"很好啊，就这样写吧。"

　　于是女儿改写道：春回大地，柳树和小草换上绿衣裳，来迎接春姑娘。小朋友在草地上放风筝，风筝在天空中飞来飞去，和春姑娘做游戏。

　　"很不错哦，像一篇小作文了，还需要一个结尾。你想象一下，你写的这个情景，是一个什么样的场面，用一个词来形容一下。"

　　"兴奋，新奇？"

　　"兴奋和新奇，是描写心里的感觉，感觉是看不到的。可以把你写的情景比作你们在操场上玩的情景，你们玩的时候，操场上是这样的？"

　　"嗯嗯……"一时语结，因为情急之中，脑子里好些词都反倒躲起来，记不起来了。

　　"热闹吗？"我问她。

　　"热闹！"

　　她马上拿起笔，写道：春天真热闹。

　　"这个结尾真不错。写文章的时候，要像这次这样，想得多一点，广一点，不要怕麻烦，都写下来。写的时候，要像你自己走路一样，拐个弯，转一圈，跳一跳。我可以先告诉你一句古人说的话，叫作：文似看山不喜平。就是写文章平平地写下去，一点也不好看，要像山一样，有山峰，有山谷，有悬崖。"

看图写话：

春回大地

春回大地，柳树和小草换上绿衣裳，来迎接春姑娘。小朋友在草地上放风筝，风筝在天空中飞来飞去，和春姑娘做游戏。春天真热闹。

（查小查）

129 如何教孩子仿写

仿文题、仿句式、仿句义、仿结构

（一）仿文题

同内容：儿子在学完《难忘的八个字》后，写了《难忘的十个字》；学完《春天的小雨滴滴滴》后写了《冬天的雪花飘飘飘》；看了我的博文《父爱似酒 愈久弥香》写了《父爱似茶 越品越香》。

同格式：仿照《××生气了，后果很严重》写了《老妈生气了，后果很严重》，仿《有趣的作业》写了《有趣的发现》，仿照《我的团长我的团》的格式写了《我的快板我的爱》。当然我们还可以写写《我的老师我的班》、《我的沈阳我的家》、《我的爸爸我的妈》……

（二）仿句式

提起朱自清的名篇《春》大家一定不会陌生。它的开头是这样的：盼望着，盼望着，东风来了，春天的脚步近了。

就这句话，我们就能仿，换上不同的词语，就能体现不同环境中的人物的迫切心情，可别小瞧它啊，会使你的文章增色不少呢。我家的一波就N次仿写过它，屡试不爽啊，哈哈！不信你来看：

盼望着，盼望着，4月3日到来了，我们的班会召开了！

盼望着，盼望着，一年一度的春节来了，我的发财机会到了！

盼望着，盼望着，期末考试来了，暑假近了！

（三）仿句义

课文《一只贝》里有这样一句话："这是沙子钻进贝里，贝用血和肉磨制成的。这是一只可怜的贝，也是一只可敬的贝。"儿子在学文后领悟了贝的无私奉献精神，在作文《难忘的十个字》中把学生们比作了沙粒，把老师比作了贝。

老师啊，你就像一只贝，把我们这些小小的沙粒抱在怀里，用尽所有的心血和汗水把我们打磨成一颗颗璀璨的珍珠……

老舍的名篇《趵突泉》中有这样的话："假如没有趵突泉，济南定会丢失一半的美。"写出了趵突泉对于济南的重要地位。我们在突出某一事物的重要性时就可以仿此句子。如：

假如没有书，我的生活就会丢失一半的乐趣；假如没有十字绣，妈妈的生活就会丢失一半的欢笑……

"三个水柱都有井口大，没日没夜地冒，冒，冒，永远那么晶莹，那么活泼，好像永远不知疲倦。"从这句话中我们领会到了自然的伟大。学完这篇文章后我引导儿子在描写运动会的作文中仿写了这句话。

旁边的拉拉队员大声地喊："快跑呀！加油呀！"我也不例外，即使是拍红了手掌，喊破了嗓子都表达不了我此时此刻的心情。手中的易拉罐疯狂地摇，摇，摇！好像不知道什么是疲倦。

从这三个"摇"字中我们不难读出运动会上的紧张激烈与小观众的疯狂。

（四）仿结构

《高大的皂荚树》一课描写了皂荚树的样子和一年四季给同学们带来的方便。儿子按照这篇文章的结构写了高大的杨树和运河变浊了。

曾在一本书上看到一篇风趣幽默的自我介绍，我赶紧叫来一波分享，他看后也忍不住大笑，我趁热打铁让他仿写了此文。

其实值得借鉴和学习的好文章很多很多，用心的好妈妈一定能发现它！

（芷欣）

130 如何教孩子想象

能不能"发现"的关键在于一个"想"字

清代的袁枚说："夕阳芳草寻常物，解用皆为绝妙词。"意思是说夕阳和芳草这些平平常常的事物，如果运用得好，都可以写出好的文章来。关键在一个"解"字上，即我们能不能用心观察，发现它的特点，发现它的美；能不能"发现"的关键又在于一个"想"字——看我们会不会思考、联想、想象。

请看一位小朋友笔下的公园的柳树和竹子：

春风吹拂着柳树。柳芽绽满了枝头，远看，树上像笼罩着一层黄绿色的烟雾；近看，烟雾消失了，颗颗柳芽像一个个小宝宝，在拉着柳树的手臂荡秋千。竹林里不断传来小鸟叽叽喳喳的叫声，竹叶发出阵阵的"沙沙声"，好像在为小鸟伴奏。

柳树和竹子可以说是"寻常物"了吧，但作者发现了刚发芽的柳树远看和近看不一样，而且听到了竹树里的鸟叫和竹叶的声音。他不光看不一样，而且听到了竹树里的鸟叫和竹叶的声音。他不光看了，还注意听了，这就叫细心观察。更重要的是，他还想了——在他的想象中，"柳芽"是刚出生的"小宝宝"，"柳枝"是柳树妈妈的"手臂"，在春风吹拂下，小宝宝们在"荡秋千"；在他的想象中，那竹叶发出的"沙沙"声是在为小鸟"伴奏"。这样一来，柳芽更美了，鸟叫声和竹叶的沙沙声更动听、更和谐了。

我还读到了江苏通州市金沙小学六（一）班陆同学写的一篇《戏说座位》。座位谁不知道？有什么可写的？但陆同学思考了，而且还真思考出点"道道"来：

你研究过座位吗？可能只有万分之一的人研究过，我就是这万分之一。

先说前排吧！可谓"危险地带"，在讲桌下面，老师眼皮底下，窃窃私语，做小动作，一览无余，尽收眼底。坐在前排的大多是小个子，要不就是老师的重点"监控"对象。

"风水宝地"要数中间座位了。在这里做小动作可没人看见哟！因为前有"遮雨伞"，后有"挡风墙"，多好的享受呀！坐在中间是听课的最佳位置。

后面的座位上坐的大多数是一米六的大个子，他们大多是"体育明星"，要不就是"发配流放"至此的，一好一坏，符合生态平衡。

两边的同学可算进了"五星级包厢"，听课累了倚在墙上，而且单人单桌，舒服得很。不过"放风"这项艰巨的任务可不能疏忽，一句"老师来了"，原本炸开了锅的教室顿时鸦雀无声。

其实，最好的位置是讲桌，可又有谁敢跟老师抢位置呢？

大家读了一定很佩服陆同学，佩服的是他会想。

作文需要观察、思考，无论是写景，还是写物、写人的作文，都离不开思考和想象。创造发明也需要观察、思考。

英国有个叫凯恩斯的写了一篇文章叫《人的潜质》。文中有这样一句话："我看见壶开了，高兴得像个孩子似的叫起来，马歇尔也看见壶开了，却悄悄地坐下来，造出了一部蒸汽机。"

马歇尔的成功之处就在于他不但善于观察，还善于思考。同学们开动你们的脑筋吧，思考才能认识事物，才能写好作文，才能有创造。

（于永正）

131 如何教孩子写得有味

写出来的东西首先必须打动自己，只有打动自己了才能打动别人

从三年级下学期开始，到现在五年级下学期，儿子的作文已取得较为明显的进步。现在他在作文中记述一件事情，或者介绍一处景

点，都能交代得比较清楚，还能比较准确地表达自己的观点，在文字中融入了自己的思考。

三年级的时候，我看到他在写一篇《小麻雀》的作文时，除了模仿课文《翠鸟》的写法之外，还写道："……仿佛麻雀的叫声能洗去我心灵上的尘埃"，我发现他引用了高尔基《童年》里的句子。我跟他说，能直接引用虽然可以，但要想写得更好，必须尽量是自己的语言，要大胆地想象。他在四年级下学期有了较为明显的进步，特别是上了五年级以后。

他在一篇描写乡村的作文中，写道"……一定是绿色的精灵不小心将一滴绿色药水滴在这片美丽的土地上了。山上的树太密，当风娃娃一蹦一跳地跑过时，树叶也轻轻地摩挲着，'沙沙'作响，那轻轻的声音，就在山谷里，在树枝间，轻轻地飘荡，像在私语……"；在写哈尔滨的雪景时，写道"……一定是老天爷在这上空把盐罐子打破了，全都洒在了哈尔滨"。这些描写都很形象，也很优美。

同样的一句话，表达方式不同，所表述的效果也会有很大差异。一次我问他："你向别人介绍自己的时候一般会怎样说？"

"我是宣城市第二小学的一名学生。"他说。

"怎样把这句话表述得更有味道一些呢？比如说用一个比喻句来介绍。"

他想了想说："在宣城市的南边，有一棵树，他的名字叫'二小'，我就是这棵树上的一片叶子。"这样一换，味道当然就出来了。

在叙述中，时不时地插上自己的联想，是我经常提醒他做的一项内容。那次从横店影视城回来，儿子写了一个系列游记，其中一篇《走进〈清明上河图〉》，较有特色。在写虹桥上的狮子的时候，他写道"……桥栏杆上的石狮子一个个怒目圆睁，看着像我一样的八百年后的游人……"；在写"宋朝"街上小茶馆的时候，写道"……他们围坐在小方桌上，点几个下酒的菜，大碗喝酒，大口吃肉，说着八百年前的某段繁荣昌盛……"。

我将这篇发在他的博客上，诗人南山评价说："这些精到的描写，读后不仅使人形象地感悟出所描述的事物，同时也浓缩了文章的空间距离。"儿子很受鼓舞，我趁机告诉他，这种记叙中穿插联想，在游记类文章中有时显得尤为重要。

这次写的《游伪满皇宫》，就有这样的句子。他写道"……端庄、典雅，但总给人一种压抑的气氛"，这反映作为傀儡皇帝的溥仪当年的某种不自由。后面又写道"一间只摆着两把椅子的谈话室"。我就问他，为什么只有两把椅子，这说明了什么。儿子想了想，在后面加上一句"我仿佛闻到一股鬼鬼祟祟的气味，似乎看到日本人又在向溥仪交代一件践踏中国人利益的事情"。这样一加，整个文章就活了，使人看了文章就像已经到了那个地方。

小学生写作文，喜欢把自己才学到的好词好句生搬到作文中来。我儿子也经常这样，他在写哈尔滨夜景的时候，用了好几个"目不暇接"，我说不妥，他说坐在车上看景，车子在跑，建筑物在后退，肯定看不过来，再没有比用"目不暇接"准确的了。我说还不如用两个动词来描述，他想了半天，终于改成"我好不容易用眼睛逮住一个，另一个又挤了进来"，一个"逮"字加一个"挤"字，把乘车看景的状态就写活了。

对小学低年级作文，一般要求有中心思想，文字通顺，字数满足300字就可以了。但是对于五六年级的学生，仅满足这三个要求显然不够。我总是告诉儿子，写出来的东西首先必须打动自己，只有打动自己了，才能打动别人，儿子现在正朝着这个方向努力。

（学无止境）

132 如何教低年级孩子写人

单句变复句、列写作提纲

教低年级孩子写人，可以从以下两点入手。

1.单句变复句。

孩子经常写这样的句子：

"我的语文老师是女的，她教我们语文，她二十多岁，她长得挺漂亮的，她喜欢穿红色的衣服，她的眼睛很大，她也很凶！"

可以尝试着教孩子写复句，比如：

"我一年级时有一位教我语文的女老师"，或"我一年级时的一位老师，是一位二十多岁姓张的女老师。"

这样岂不是更明白更简洁吗？而且我们把孩子作文中的单句改成了复句，培养孩子今后自觉地写出复句较多的作文来，我们读孩子的作文时也会感觉十分流畅。

2.列写作提纲。

第一段（详写）：要写出人物的性别、年龄、年级、外貌特点等。

第二段（详写）：要用"总分"的结构方式，写出人物的性格特点，举出1~2个有关的小事例，这是中心部分，可以分为几个自然段来写，但是每一个自然段都不能脱离"总起句"的中心内容。

第三段（略写）：收尾，用总结性的语言。

133 如何教高年级孩子写人

确定了要写的人物，说说要写的具体内容

前两天，小竣的语文作业有一项是准备写作素材，写一个你熟悉的人和他的事。我问小竣写什么，小竣说写妈妈。那写妈妈什么呢？孩子说写暑假里他发烧了妈妈带他去医院，回来后天天给他煲淮山药粥照顾他的事。我听得心里暖烘烘的，这么点事我们不会放在心上，但是，孩子却深深记在了脑海里。

他在房间里自己写，这回时间倒是过得够快，可是拿出来给我看的时候，让我哭笑不得：第一，并不是列出素材写提纲；第二，题目居然是《我生病了》；第三，内容大半是写他生病的事，只有一句话是妈妈带他去看病回来又给他煲淮山药粥的事。晕！

我要儿子把语文书拿出来，把作文要求反复读了两遍，然后在书上画出重点字词：写的主人公是谁？身边熟悉的人！谁的事？这个人的事！然后我让儿子对照要求，看看文章符合要求了吗？先看题目，题目好比文章的眼睛和灵魂。再看写的主人公是谁？"我。"儿子自己都不好意思地笑了。最后看内容，主要内容里写的谁比较多？"写我的话更多。"

"可是我本来是想写妈妈带我看病的事。""对，我知道你本意是这样，可是咱们看看，这些文字里关于妈妈的文字有几句呢？字倒是写了不少，可是写的都是你的病状。"我把写有妈妈字样的句子勾出来，居然只有一句，他已经知道错了。

趁此机会，我和竣爸一唱一和地再次给儿子讲解，写作文，首先要做的第一步就是审题。什么叫审题，就是读作文题目的要求，搞清楚要求，再针对要求去写。否则，你写了一大篇，却根本不是题目所要求的内容，都白忙乎了。就像爸爸说的，"下笔千言，离题万里"。

"然后，我们看看审题之后你的计划，你想写的人是谁？"妈妈！""好，既然是妈妈，你的题目应该是什么？""我生病了，妈妈带我去看病。""能再简单点吗？缩短一些，记得你要写的中心人物，突出你要写的主人公。""我的妈妈。""可以，题目不能太啰唆，要简练。"

"那么，我们现在先口述。你确定了要写的人物，现在可以说说你的具体内容了。请你口述一下，你的开篇第一自然段怎么写？"

"第一自然段：我的妈妈非常爱我，我遇到困难的时候，妈妈都会帮助我。"

"是可以的，请问你接下来准备写什么？"

"暑假的时候，有一次我发高烧，妈妈知道我生病了，就急急忙忙地带着我打车去医院看病……""好，有了一点进步。我们说，要写一个人或者一件事，可以通过哪些方面来描写？""语言、动作、神态、表情、心理等。"这些理论性的东西，因为以前给他讲解过，他已经有概念了。"好，那么，我们来回忆一下妈妈当时的状况。妈妈怎么知道你生病了呢？""因为妈妈给我量了体温。""对，这就是什么？动作，你要把这句话写下来，这是妈妈做的事。然后呢？看到你发烧，妈妈会怎么想？""伤心。""伤心吗？你觉得伤心这个词准确吗？试想，假如妈妈生病了躺在床上，你会怎么想？假如妈妈在外面走失了回不来了你会怎么样想？""担心。""对了，担心，'担心'这个词才准确。妈妈为什么担心？""因为当时流行流感，妈妈怕我得流感。""对了，这是妈妈担心的原因，这些心理活动是你的还是妈妈的？""妈妈的。""那么你就应该把这些写下来对不对？"

就这样，我们一边回忆，一边讲述，从心理到语言到表情动作等，把写妈妈的句子渐渐组织得丰满起来，描写更加细致和准确。孩子一共用了四段话来描写妈妈：第一段总写妈妈爱他、关心他；第二段写他生病了，妈妈带他去医院；第三段写回到家妈妈怎么照顾他；第四段总结，妈妈爱他，把精力和时间都奉献给家庭，他爱妈妈并且要孝顺妈妈。

口述完毕后，我告诉儿子，这篇文章基本切题了，但是不必今晚把它细细写出来，一是没有那么多时间了，二是老师要求找素材，不是写草稿。说白了，老师是要求列出写作计划或者写作提纲。什么叫提纲？就是简要地概括说说你文章的题目，想表达的主要意思，有几个段落来组成，每个段落主要写什么。简练地列出来就是提纲了。现在说提纲怎么列。

"你的文章题目是什么？""我的妈妈。""你准备用几个段落来写你的妈妈？""四个。""第一段你写什么？"儿子把那句话再说一遍。"你能把这个句子缩短吗？刚才我们为了把文章写具体，每句话都尽量详细，但是提纲相反，只说重点内容，不啰唆、不修饰。"最后，儿子把第一段缩短为"妈妈爱我，帮我"几个字。很好，这就可以了。

通过我的提点，儿子几分钟就列出了四段话的提纲。

第二天的作业就有写这篇作文，因为有前一晚的铺垫，这次写的时候就很顺利，洋洋洒洒四百字就出来了。

（植竣妈妈）

134 如何教孩子记事

理清了段落，我们又一起斟词琢句地读了几遍作文

今天女儿写作文。她打开作文本后，略作思考便开始写起来。一会儿，我走到她身后，想看看她到底写的是什么。只见她写道："今天，妈妈带我到公园玩……"

最近一段时间，我们尽去学习了，并没有带雨淞去公园，她怎么写起这个来了，这不胡造吗？我搬来一张椅子坐在她身边，示意她停笔，然后问她："准备写什么？"

她抬头看了看我，没有说话，似乎在揣度我的用意。

我直截了当地说："最近去公园了吗？"她摇摇头。

"那怎么写起去公园的事了？除了去公园，最近发生在自己身边的事太多了，你完全可以写写这些事情啊。"她低下头看着自己的作文本，没有说话。

　　我继续说："比方说，最近爸爸妈妈为你新买了一个滑板，你也挺感兴趣的，这就可以写啊。还有这几天，你练了毛笔字，学了拉丁舞，参加了夏令营，看到了外婆去卖菜，感受到了夏天炎热的天气等，可以说，值得写的东西太多太多，没有必要总选那些老掉牙的话题来写呀！"

　　听了我的话，她似乎明白了，想了想说："那我就写学滑板车的事吧。"

　　选好了对口的材料，写起来顺利多了。不到二十分钟，她的作文就完成了，乐颠颠地送到了我手里。我拿到手，先扫了一遍，接着便细细地看起来。文章分了三段，有三百来字，重点的第二段写了在妈妈的帮助下踩上滑板滑了起来，并最终自己从滑板上跳下来的全过程。就雨淞的第二段而言，完全可以分成三个层次写，分别是"踩上滑板"、"独立滑行"和"跳下滑板"，这样写起来，才显得层次清楚，而且也易于写具体。

　　"嗯，写得不错，愿意读给我听听吗？"我给了她一声鼓励，然后又提出了一个读作文的要求。其实我是想通过自读的方法，引导她修改作文。

　　雨淞很乐意地捧起了作文本，大声地读起来。"今天，妈妈帮我买了一个蓝色的滑板。回到家，我就开始滑起来……""停！刚买到滑板，心里高兴吗？""高兴。""对，这一点你可以在作文中交待一下。"她想了想，写起来："看着手里的新滑板，心里可高兴了。回到家，我就迫不及待地滑起来。"有了"心里可高兴"和"迫不及待"，准确多了，也生动多了。

　　改完了这句，雨淞又继续念起来。刚念到一半，我就装着糊涂了，对雨淞："你写了在妈妈的帮助下踩上了滑板，可是我没听清楚你从什么地方开始写独立滑行的，你找给我看看吗？"雨淞不知是计，用手指了指文中的句子。我点了点头说："可不可以把这句话另起一段写呢？也许这样我就能看明白你要说什么了。"雨淞若有所思地点点头，然后在该分段的地方划上了表示分段的"‖"。

理清了段落，我们又一起斟词琢句地读了几遍作文。正当雨淞写着刚想到的结尾时，我的手机响了，竟然是妈妈在楼下打电话催我们下去吃晚饭。我呵呵地对雨淞说："瞧奶奶多时髦，楼上楼下也打起了电话，这样的事情写到作文里也一定很有意思。"

135 如何教孩子写景

形容美的事物时，要用美的东西来形容才会给人美的享受

女儿开学要写的第一篇作文，就是写景作文。要求写家乡的一处景物。写景是他们这个年龄孩子的弱项。女儿一看作文内容，就直搔脑袋。周日时，老师发来了短消息，告诉家长，可以按照他们刚学的课文中写莲"闻—看—想"的次序来写。

经过讨论，女儿决定写丹樱生态园的菊花。写完题目，她就翻起眼睛看着天花板，使劲咬笔头。"开头怎么写？"看来她经过一个寒假的玩闹，真的把库存不多的那点写作知识丢掉了。我说："当你要把自己的经历告诉别人时，你应该先说什么？"她想想："先写我去玩的时间、地点，再加心情的描写。"我说："写心情的时候，可以

用比喻，这样生动一点。不要老是'高高兴兴'。"

　　她写完第一段，又卡壳了。"我怎么写菊花香？它看不见、摸不到，很难写！"我说："先说菊花香是怎样的？"她立刻说："淡淡的。""像不像兰花香？""兰花有香味吗？"她睁大眼睛反问我。我笑着说："客厅的兰花已经开了，你怎么不去闻一闻？"她兴冲冲地跑到兰花边上，凑近花，闭着眼深呼吸，然后拍着手欢叫："兰花真的好香！原来它是有香味的！不过我要闭着眼才闻得到！"我微笑着说："兰花香跟菊花香有什么区别吗？"女儿怔在那里，想了好一会儿，才说："它们虽然都是淡淡的，不过兰花香很清幽很温暖。我闻到那香味，就想起春风；而菊花香就冷一些，当我闻到菊花香的时候，我感到空气里似乎飘着霜花呢。"我说："当写看不见、摸不着的东西时，我们可以把它跟别的东西做比较，还可以用比喻。你看，把菊花香和兰花香一比较，把兰花香比作春风，把菊花香比作秋风，那么不就很具体了吗？"

　　当写到"看"这个步骤时，她又不知怎么写了。我对她说："要注意写景的次序。我们看花时，是按由远到近的次序看的。远看上去，那片菊花地给你留下什么印象，还记得吗？"她说："像绿色的厚厚地毯。叶子很厚啊。"我使劲启发："你把菊花忘了，一朵朵菊花的样子像什么？"她毫无情趣地说："像一个个乒乓球。"我笑着说："乒乓球有金黄的花瓣吗？"她苦着脸摇头。我说："形容美的事物时，要用美的东西来形容才会给人美的享受，才会让人体会到你欣赏景物的快乐。还要注意外形的相似，才能给人身临其境的感觉。"说着，我打开电脑上网，让她阅读有关的写景文章。折腾了好一会儿，她的比喻终于出炉了："菊花像一个个金黄的小太阳，像一张张孩子的笑脸。"

　　写到"联想"这个环节时，她福至心灵地说："我会了。你听——"说着就拿着课文，有声有色地读了起来。丈夫看她读得热闹，也过来听。我们听着听着，不由得哑然失笑。原来她除了把课文中的"荷花"改成""菊花"之外，其他几乎一字不漏照搬原文。她看我们在笑，觉得莫名其妙。"你们笑什么？老师不是叫我们模仿课文吗？"我笑着说："老师叫你们模仿，可是没有叫你们照搬啊。如果全班都照搬课文的内容，那不是所有人的作文都一样了吗？这样你们写不出属于自己的东西，也学不到属于自己的知识啊。"她默默点头，若有所思。过了一会儿，她终于把这个"想"的环节写出来了。

（黄春馥）

136 如何亲子阅读

亲子阅读，成为儿子成长过程中永难忘怀的温馨回忆

　　雨后的傍晚，空气清新、甜润，路旁的树呀，花呀，格外精神。我牵着儿子的小手去散步，路过一块菜地，见丝瓜花儿满地掉落，我不禁感伤："多可惜呀！掉了这么多花儿。"儿子脱口而出："夜来风雨声，花落知多少。"我惊讶不已，儿子竟然能运用诗句了！那个时候，他还未上幼儿园，《春晓》是我无意中教他的。

　　从那时起，我们开始了每天晚上的亲子阅读。

　　每晚临睡前，我或是让他依偎在我怀里，或是握着他的小手，带他进入书的世界。我从绘本故事开始念起，色彩鲜艳、形象生动的图

画是小孩子的最爱。我绘声绘色地读，他聚精会神地听。听着听着，他也会提问，我们就交流、讨论。久而久之，儿子的词汇量越来越丰富，平常说话也会用上一些书中的成语了。洗完澡时，我将浴桶里的水倒掉，儿子兴奋地大叫："啊！水漫金山啦！水漫金山啦！"爬山时，儿子一边抹着汗，一边自言自语："有点累了，我都气喘吁吁、大汗淋漓了！哈哈，妈妈，汗滴禾下土！"……

随着年岁的增长，我又选择了童话故事念给他听。《格林童话》、《安徒生童话》等，听完这些故事，他自个儿都总结出了童话故事的规律了。他告诉我："妈妈，童话故事里有很多都讲三兄弟、三姐妹的，基本上都是第三个聪明、善良；故事里的王子和公主都有美好的结局，故事里的巫婆都没有好下场。"有的故事我只讲了一半，他就会去猜想结局。于是，我就让他往下编故事。嘿！编得还真有点意思。

有一阵子，电视里播放《西游记》，儿子特喜欢。可我不让他看，怕影响视力。于是，我就念《西游记》的故事给他听。待我念完这本书时，儿子发表了如下感言：《西游记》真有意思！原来那些妖怪都是狮子、鹿、老虎等动物变成的。我觉得唐僧很没用，除了会念紧箍咒，其他的什么都不会。如果没有孙悟空，他肯定取不了真经。我最喜欢孙悟空了，有火眼金睛，还会72变，妖怪都怕他。只是有一点，我搞不明白，妖怪怕孙悟空，孙悟空怕唐僧，可是唐僧又怕妖怪，真是奇怪！

如今，儿子读中班了，他很会与我们分享他的想法与故事。某日早晨，我刚走进他的小房间，他就迫不及待地从被窝里坐起来："妈妈，我昨晚做了一个梦。""哦？你昨晚做了一个什么梦啊？"不急着起床，我坐在他的床头，抚摸着他的头："来，说给妈妈听听。"于是，他开始讲述自己的梦："我坐着小船在海上航行。忽然，起风了，小船开始摇晃，我就换了一艘大船。海风刮起，海浪涌起，大船翻了，我掉进了海里。一头鲨鱼游来，把我吃了。还好，鲨鱼没有咬我，我也没有卡在它的喉咙里，它只是吞下了我。鲨鱼的肚子里黑乎乎的，我打开随身带着的电灯枪，拿钉子戳它，拿剪刀剪开了它的肚子，我爬上了岸。"真所谓是日有所思，夜有所梦啊！这电灯枪是刚买来的，儿子玩了一整天呢。我把他说的内容写在了QQ日志里，他自己还取了个名字，叫《梦中历险记》。

前些日子，儿子喜欢上了邻居家的小狗。那是一只宠物狗，名叫多多，小巧玲珑，着实可爱。晚饭后，儿子经常牵着多多去散步。时间久了，狗与人的感情越来越深。看着他们腻在一起的那副亲热劲儿，我灵机一动，尝试着与儿子交流起来："小犇，你觉得多多长得怎么样？哪儿可爱？你一来到雪娇妈妈家，多多就会怎么做？你喜欢多多，你又会怎么做呢？……"

散步回来，我把我们在路上的对话写在了QQ日志里，一篇小文《小狗多多》诞生了：

雪娇妈妈家有一只可爱的小狗，叫多多。多多穿着一条漂亮的裙子，像一位要结婚了的新娘子。她走起路来屁股扭呀扭，像一个毛茸茸的球。多多可灵敏啦，外面一有什么响声，她就竖起耳朵听。

每次去多多家，多多一见我，尾巴就摇呀摇，汪汪地叫着，好像在说："小主人，你又要带我去大坝玩吗？"她还跳到我的腿上，用爪子抓我的裤子。我用手摸摸她，她就会用舌头舔舔我的手，我感觉热热的。

　　我带着她去大坝上玩，她可听话啦！我一看到有大狗跑来，就会连忙抱起多多，怕大狗咬她。

　　我喜欢多多。

　　好多朋友看到了QQ空间里的这篇小文，点了好多的"赞"。儿子知道后，有一种胜利的喜悦感，高兴地对我说："妈妈，我喜欢丹娜阿姨的女儿枣枣，我觉得她是世界上最可爱的女孩，我想来说说她，你帮我写下来，好吗？""好啊！""妈妈，我还要说说你。你呢，也来说说我。""嗯，妈妈同意。"我欣慰地笑了。

　　最近，儿子又爱上了儿歌，我就挑书中那些有押韵、朗朗上口、富有童趣的儿歌念给他听。听多了，他也会来灵感。刷牙时，他就编"挤牙膏，来刷牙。上下刷，里外刷。刷得牙齿好清爽"。

　　亲子阅读，其乐融融，希望幸福的画面能成为儿子成长过程中永难忘怀的温馨回忆；我口说我心，童趣盎然，也希望能成为儿子享受温暖语言的幸福时光。

（陈柳娇）

137 如何教孩子写话

我们不能要求孩子一下子就写得太多，但必须围绕中心

　　1.写标题。

　　我要求她每篇日记或作文都要自己命题。这个很重要，真的非常重要！你们想想：一篇没有题目的日记，孩子该写什么？刚开始写作

的孩子，当然是漫无边际、一盘散沙了。而且我想让她一开始进入写作文的"快车道"，而不需要从日记到作文的过程。

说起来，悦悦还是蛮厉害的。幼儿园中班的时候，就自己学会了起题目。当然，那时候我并没有让她写日记。有一次她拿着画准备编故事，站在我面前，停了几秒钟——开口说了几个字，之后停下来看着我。我觉得莫名其妙，愣了几秒钟，突然意识到：她是给她的故事编了一个题目！直到现在还是记忆犹新：当时我那个激动啊……

大家可能很好奇：她是怎么学会起题目的呢？

我当时也非常好奇，想了好久，才恍然大悟：她们幼儿园经常出一个题目，让孩子们画一幅画，比如《五彩的夏日》、《我很快乐》等。而兴趣班的画画作业是没有题目的，任她们天马行空地画。悦悦长期受到幼儿园的影响，很自然地给她的绘画起了一个名字，加上我当时的兴奋、夸张也大大地鼓励了她。

从此以后，她的每幅画都是先说题目，再编故事。

当女儿开始写日记时，我让她自己命题，也就是水到渠成、顺其自然的事情了。

2.围绕中心。

孩子一开始写作，就要养成一个不轻易跑题的习惯。主要是引导孩子，无论给别人说什么或者写什么，都要有重点，这样别人才能很快准确理解你说和写出来的意思。如果你说了很多，写了很多，却只是泛泛而谈，那别人也不会对你说的和写的留下深刻印象，甚至对你说和写的意思糊里糊涂，那别人就无法理解你。告诉孩子，如果别人看到你写的东西，能很容易通过你阐述的重点，理解你的思路，赞同你的观点，明白你的思想，那就是成功的。也说明，你说的和写的，没有跑题。你说清楚了，别人也明白了。

我们不能要求孩子一下子就写得太多，但必须是围绕中心，哪怕三言两语都要不跑题。

让孩子"跳一跳，就能够得着"，不要让孩子觉得作文很难。所以，要给孩子时间，从"说出来"能过渡到顺利"写上去"，需要体会需要练习。也许孩子一开始只是说或者写几句话，或许孩子说着写着还是跑题了，但不要紧，不要责怪孩子，只需要耐心地，一次一次拉回孩子的思路，鼓励孩子围绕着要表达的主题和中心大胆说，努力细心记录，朝着让自己和别人明白自己所说所写那个方向就可以了。

（诗书妈）

138 如何教孩子日记起步

每篇日记，她都要认真给我读一遍，不通顺的地方再稍加修改

对于一个只上了半年学，学了不足200个字的孩子来说，提笔写日记谈何容易。

到夏威夷的第一天，我们参观完珍珠港，晚上回到酒店，我让多多拿出日记本，她老大不乐意，但还是顺从了。我让她先说说在珍珠港的所见所闻，她说："除了军舰，没有什么。"我的火就往上拱，声调开始提高："你再想想！"爸爸见势头不对拦过去了，就和女儿一起回忆，没想到说着说着他也急了，竟然把多多的日记本撕了。多多委屈地哭了一晚上，发誓说再也不写日记了。事情僵持到这儿总要

收场啊。于是我让她洗洗脸，帮她把日记本粘好，给她讲了讲道理：
"你答应过爸爸、妈妈，到夏威夷每天都要写日记，怎么能说话不算
数呀。妈妈跟你一起写吧。"就这样连哄带吓唬，写完了这篇日记。
不过，万事开头难，以后就没遇到这种情形。特别是开学后，多多将
自己"夏威夷之旅"的日记在班里展示后，董老师大大地表扬了她，
并奖给她一个日记本，自此她的写作热情日益高涨。

教孩子写日记，生活这一写作源泉必不可少，而观察生活更为重
要。在我所接触的学生中，他们经常慨叹：我们天天两点一线，除了
书包就是饭盆，哪有什么生活！其实不然，生活不在于丰富多彩，而
在于仔细观察；不在于变化多端，而在于用心感受。正如鲁迅先生所
言："如要创作，第一须观察。"多多曾经养过一个白菜头，她把白
菜头放在水盆里，每天给她换水，我就让她记录下白菜头的变化：什
么时候出芽，什么时候长叶，什么时候开花；花是什么颜色的，花的
大小可以和什么事物比较，花开了多长时间等。带着问题去观察，带
着惊喜去发现，是生活的必需，也是写作的前提。若是缺少这种用心
的观察，写作中不可能出现细致入微的描写。

暑假时，带多多去了北京天安门，站在天安门广场，我问她：
"天安门的城楼上有什么？两侧有什么？前面有什么？"于是在她的
日记里就写下了："站在广场中央，对面是天安门城楼，城楼的中间
挂着毛主席的画像，上方是国徽，画像的两边写着：'中华人民共和
国万岁，世界人民大团结万岁'。城楼的前面有四座汉白玉石桥，有
两个高高的白色华表，它们和砖红色的城楼、观礼台交相辉映，十分
雄伟壮观。"

观察还要有序，假若缺少这种有序的观察，不可能使文章做到条

理清晰。由此可见，细致的观察是写作的前提，这不仅要求孩子做到眼看、耳听、口尝、手触，调动各种感官去感知事物，还要抓住事物的特征，按照一定顺序去观察事物，才不会留下编造的痕迹，做到真实地反映生活。

教孩子写日记，先说后写，是孩子起步阶段最重要的一个环节。

多多开始写日记，是我先说，或是我给她提一些问题，我们一起说，她用脑子记，然后再动笔写。在写的过程中，难免又有忘记的地方，我会再给她提示。这样一篇200字左右的日记，写下来要用一个小时的时间。半年下来，现在写日记基本上是她自己说，自己写，只不过在内容的取舍上、词语使用的准确度上，我给她把一把关。每篇日记完成以后，她都要认真地给我读一遍，不通顺的地方再给她稍加修改，一篇日记便大功告成。每次写完日记，看着多多的那种轻松感、愉悦感，多少都要奖励她一下，给一块巧克力，看一会儿电视，玩一会儿游戏，她就满足了，这点儿小手腕儿该使也要使一下，因为没有孩子愿意主动写东西的。

（寸草心）

139 如何教孩子日记提高

她实在找不到用什么词句来表达，我会提供词句供她先选择

首先，我从网上下载了绘本《蚯蚓日记》与女儿一起阅读，让她了解日记是怎么回事。然后，我建议女儿仿照着写，以图文结合的方

式来写。女儿问我写什么内容。我说："你想想今天有什么人或者什么事让你高兴或者生气，如果有……"我还没说完，女儿就说要写陈小羽，我不再言语。大约十分钟后，女儿把日记递给我，没写时间和天气，我教她把它们添在了页眉，这样，女儿的第一则日记诞生了。

我问女儿，陈小羽头侧上方那些乱糟糟的是画错了吗？怎么不擦掉？女儿说表示她说的脏话。她这样一解释，再看那乱糟糟的线条还真有意思了！我表扬了她。

第二天，女儿问我："爸爸，今天写什么呢？"我说："昨天写了一个同学，今天有没有哪个同学给你留下了深刻印象？"女儿似有所悟，于是她的第二篇日记诞生了。

"宝贝，你这画中这个模糊的人影是谁？"

"袁一旺。"

"旁边这个清晰的人影又是谁？"

"袁一旺。"

"两个袁一旺？还有两个箭头是怎么回事？"

"两个箭头表示跑过去跑过来，模糊的人影表示袁一旺的影子。"

"哦！落塘鸡又是什么意思呢？"

"落在池塘里的鸡，这都不知道，还是个老师呢！"

"哦！我这个老师只知道'落汤鸡'，不知道'落塘鸡'，谢谢小何老师的指教！"

"落汤鸡是什么？"

"落在汤里面的鸡呀，比如你喜欢喝的紫菜汤。"

"啊？！"

有时候我也会教她把某一篇日记改写得更加具体。比如下面一则日记。

6月3日　星期五　晴

今天中午，妈妈叫我去睡觉。我一看钟，啊！快到1点了。我赶jǐn上床睡觉，不知不觉就睡着了。醒来时，2时40分，我赶忙穿衣服dié被子，还要梳头，梳完头快到3时了。我赶快穿鞋子，走出家门，跑到学校。走到教室门口，上课铃还没响，哎呀！幸好没迟到。心终于放松下来。

我问女儿："妈妈叫你去睡，你就去睡了吗？"

"我不是很想去睡觉，但是我不敢不听妈妈的命令。我一看，啊！快到1点了。我赶紧上床睡觉，不知不觉就睡着了。"

"那么，日记里是不是可以把这些写进去呀？"

女儿点点头，提笔写起来，可是她写字的速度实在太慢，每一笔、每一划都比我们成人花的时间长。有时还要回忆刚才说的句子或者学过的字，就更加慢了。再遇上会认不会写的字，或者既不会认又不会写的字，就慢上加慢了。这很影响她的兴致。于是我说："宝贝，咱们一起来写吧。主要是你说，我在电脑上为你打字。"她很高兴。

我不断地向她提问，她一边回忆一边回答，答得不当处，我适时启发引导她。她实在找不到用什么词句来表达时，我会提供几个词句供她先选择。有了这样的选择，她思维愈加活跃，有时还纠正我说得不实或不当之处。就这样，一篇日记很快修改完了。我说得取个题目，就像你们语文书上的课文都有一个题目。她说不会取。我说可以根据写的内容或者主要意思来取，当然也可以用文中关键的词句来取。比如这篇日记，根据主要内容，可以取《我差点迟到》；根据主要意思，可以取《真高兴没迟到》、《幸好没迟到》；用关键词句来取，可以取《哈哈，幸好没迟到》。

女儿想了想，说："我取《哈哈，没迟到》。"我微笑着敲击出这个题目，添在日记的上面。

通过这样的练习，女儿的日记渐渐具体生动了。二年级时，就能写好几百字的习作了。不信选一篇您瞧瞧？

我双眼皮，发至肩，有点瘦，白皮肤……这就是我，一个叫何雨锶的小女孩，一个二年级四班的小女孩，一个非常喜欢画画的小女孩，一个爱磨蹭的小女孩。我常常一边吃饭一边折纸飞机、纸船，还不忘抓紧时间看电视。最后，饭都冰冷了。做作业的时候，我一会儿在墙上画蝴蝶结，一会儿在抽屉里翻东西，翻到剪刀就剪纸，翻到不要的纸就折"东西南北"……要睡觉时，我也是不紧不慢，结果从洗脸到上床要花许久的时间。第二天早上又不愿意起床，家长连催好几遍，才不情愿地坐起来，慢吞吞地穿衣服，常常是二十分钟才穿好！奶奶急得不得了！

我还是一个既胆大又胆小的女孩儿。胆大是因为我喜欢玩刺激的游戏。我可以从比我高的地方往下跳，够胆大吧？但我有时候又很怕黑，每当夜幕降临，我就会有一种鬼来了的恐惧感。夜晚我不敢独自出门，而且睡觉时一躺下就会觉得鬼使用缩身法从门缝飘进来了，大概是我看《西游记》、《非常小公主之猜谜小天使》这类电视和书籍造成的吧。

我比较得意的是我的马屁功，就是拍马屁哟！每当奶奶炒菜时，我会说："奶奶，您炒的菜真香啊！快点炒，我好想吃哦！"菜炒好后，我有时一点也没吃，但仍然会说："奶奶，好好吃呀！"奶奶听了开心得不得了，笑着说："好吃呀？好吃就多吃点嘛！"看着奶奶这么高兴，我想，哈哈，我的马屁功又成功了，快要升级到马屁神功了！

怎么样，我就是这样一个小女孩。

这篇作文是女儿的语文老师布置的，要求写出自己的性格、个性。女儿回家问我什么是性格、个性？我说比如奶奶的性格是爱唠叨，妈妈的性格是急脾气，所以爱咆哮，爸爸的性格是……"我知道，爸爸的性格是懒、不爱动，整天坐在电脑前写文章。"女儿打断我的话，得意地说。我问："那么你的性格呢？"她想了想，不好意思地说："既胆大又胆小。"我说这自相矛盾哟。她只得解释。我又问她还有什么性格，她又想了想，说："喜欢拍奶奶马屁。"我说："有何为证？"她举出了具体事例。我再问她还有什么性格，她说没有了，我说不对吧，应该还有"爱磨蹭"吧。她问我什么叫爱磨蹭，我说做事注意力不集中，拖拖拉拉，比如吃饭、写作业东一下西一下。她一听不高兴了。我说真实的作文才可能是好作文，写了老师肯定会表扬的。她一听老师会表扬，首先就写"爱磨蹭"这一性格。

果然，老师看了大加赞赏，并在全班作为范文讲评。女儿很是高兴了一段日子。

（何小波）

140 如何教孩子写游记

要按照游览顺序来写，景点与景点之间要有过渡句

1月18日，带着儿子、老爸、老妈和一帮好友去三亚游玩了10天。

临出发前和儿子约定每天要写一篇游记，小子嘴上答应好好的也像模像样地在包包里装了一个日记本，可到了那就变卦了，不是借口太累就是借口太困，10天下来只写了一篇（质量还不高）。

　　旅游结束了，借口也用完了，寒假里老师留的20篇日记，也得开始写了。像往常一样，儿子溜溜达达地来到我身边，讨好似的搂着我的脖子，贴着我的脸，讪笑着说：

　　"游记就是告诉别人什么时间我去哪玩了，我在那里看见了什么，听到了什么，我的心情怎么样呗！

　　"我觉得应该在文章的开头介绍一下这个景区的具体位置和我去游玩的时间。记不清楚的地方我就上网找或者是去看看景区的门票。

　　"然后啊，我去看看照片，回忆回忆哪些地方我最难忘，我就详详细细地写，其他的一笔带过。这就叫'详略得当，主次分明'！这是广告语，导游阿姨也说过的。

　　"我想起来了，在玉带滩上，我看见波浪翻滚，我可以引用苏轼的《念奴娇·赤壁怀古》中的'大江东去，浪淘尽，千古风流人物……'；在万泉河上坐船，我还可以引用你当时唱的那首歌'万泉河水清又清，我编斗笠送红军……'。"我和小子竟然情不自禁地唱了起来。

　　"对呀！你小子说得好啊！在写博鳌的时候，你还可以引用博鳌的传说故事呢！你瞧瞧，如果把这些都用上，你的文章得多生动啊！我们来总结一下，引用的内容可以是'广告语、古诗词、歌曲、传说故事'等。要按照游览顺序来写，景点与景点之间要有过渡句，这样看起来才连贯。"

　　小子听了我的话连连点头，可还没过几分钟，新的问题就来了：

"妈妈，那你说南山寺咋写啊？也没有传说，我在里面也没玩什么？"

"数据说明法和图文并茂法。"

"对啊！我可以写一写观音有多高，她是什么样子的，我看了之后有什么感受……"小子高兴得拍了一下床接着说，"我还可以在文章里加上一些照片。"

看着听得入了神的小子，我拍了拍他的屁股，轻声说："我说小小徐霞客啊，脑子是不是有点乱啊？赶紧从头捋一捋思路去吧！"

我在后面不放心地又加上了一句："别忘了用上修辞方法，什么比喻啊，拟人啊，要是能写排比就更好啦……"

（芷欣）

第 **6** 辑
修改提高篇

鲁迅说：写完后至少看两遍，

竭力将可有可无的字、句、段删去，毫不可惜。

列夫·托尔斯泰说：不要急于写作，不要讨厌修改，

而要把同一篇东西改写十遍、二十遍。

叶圣陶说：写完了一篇东西，看几遍，修改修改，

然后算数，这是好习惯。

《红楼梦》的作者曹雪芹写《红楼梦》时

"披阅十载，增删五次"，

"字字看来都是血，十年辛苦不寻常"。

这都是说修改的重要性。

修改是挑毛病，

人都不愿意挑自己毛病的，怎么办？

只能是家长、同学、老师帮着改。

如果让孩子自己养成了改作文的能力，

作文，想不写好，都难。

141 让孩子"迁移"成习惯

我会给孩子挑一些好的范文读给她听，并和她一起分析范文

　　孩子写完了，还不能就这样结束，一定要让孩子自己读一下。读作文可以发现很多的问题，比如有没有错别字、标点符号等用得是否合适、语句是否得当等。往往是她一读，不用我提醒，她就知道哪里需要改动了。

　　等孩子稍稍大了，阅读能力提高了，我会给孩子挑一些好的范文读给她听，并和她一起分析范文，把范文写作的形式记在脑子里，下次的作文作业就用这种方法迁移写。这样，孩子一步一步学着用各种不同的方法写作文，越写越好，越写越轻松，也越写越有兴趣了。

（花瑶茹）

142 让孩子"分享"成习惯

拿出最好的东西与别人分享

　　修改是写作的重要一环。有人说，好文章是改出来的，这话有道理。初学写作文，更应该养成认真修改的习惯。

　　很多小孩写完作文后，总是不想修改。或者根本没有这个习惯；或者是完成作文无心再继续；或者有作文写完了老师帮我改的心理。其实这都不利于孩子作文能力的提高，还养成写完了事的不良习惯。

自从女儿学写日记起，我总是问她能不能把劳动成果与别人分享。她很爽快地答应了，我又说，让我们看时，应拿出她最好的东西，所以让她看这个作品是不是需要再改一下，再改一下。她反问我："改什么？怎么改？"我就告诉她："你尽可能去读读，看看哪里还不够通顺，哪里词可以用得更好一点，哪里还要加点什么，哪里是多余的，这都是修改的内容。不过，你试试看，一定会更好的。'文章不厌百回改'，'好文章，是修改出来的'等。"改好我看后，我会告诉她，哪里还要修改。后来，孩子大了，都不愿将自己所写的给我们看，但是，这时候，她写的作文已经基本成熟了，她会自然完成修改任务。

（刘先发）

143 让孩子"修改"成习惯

我不直接为她修改。我只提建议，
落实到文字上，则由她自己完成

好文章是改出来的。成年人写文章，也很难一遍就写得很出色、很成功，往往是一遍一遍、反反复复改，最后才像点样。对待孩子的写作，我们也要有平常心态，不应该要求孩子一遍就写得很好。或者说，孩子写了第一遍，家长看了觉得不怎么样，就把孩子指责一通，批评他：怎么写成这个样子？这还能叫作文吗？人家的孩子怎么写得那么好？你怎么写不出来？这种简单粗暴的做法，对孩子的成长不利，相反可能造成孩子的逆反心理，使孩子认为写作是件很烦的事，很讨厌的事。

因此，家长一定要有平常心。

一方面，不要对孩子太苛刻，要宽容一些。我有时也反省自己，我大学毕业，大学里读的是中文系，但直到如今，我也没有写文章一遍就定稿的本事，好多文章也是反复修改的，而且即使经过修改，最后也未必很出色。自己都这样，凭什么要求孩子写一遍就要写得很成功？我们面对的是八九岁的孩子，是刚刚读小学三年级的学生。在对待孩子的写作问题上，作为家长，最重要的是培养孩子的写作兴趣，能做到这一点就是成功的。如何在你的教育之下，孩子的兴趣越来越弱，这就说明教育方法有问题。因此在现阶段，还是要把提高孩子的写作兴趣作为重点。兴趣增强了，不断练习，写作水平一定会提高。

另一方面，要树立修改文章的观念。修改文章不是件可耻的事，相反能使孩子提高得更快。女儿写的文章，如果给我看，我一般都要提一些意见，并且讲清楚为什么要这样，鼓励她修改。但我把握一个尺度，我不直接为她修改。我只提建议，落实到文字上，则由她自己完成。有时候她也未必完全按照我的意见修改，但改完后我看，觉得那样改也行，就尊重她的意见。

（温金海）

144 说要说到心里

寻找好的一面鼓励表扬，之后再来个小小的"但是"

孩子写好作文，难免会给我来看一看。暑假里，她写日记，我是唯一的观众。每天她写完日记，我就认认真真地看，认认真真地改。最重要的是：我把她的好词好句圈出来，非常仔细、具体地描述她这篇日记的优点。再根据情况画上几颗小红星，女儿有时候觉得小红星不够多，还会想跟我要呢！

非常仔细、具体地描述她这篇日记的优点——这一点，有些妈妈可能非常感兴趣。群里面有些妈妈说："怎么表扬孩子的日记啊？这个我不会，我只会说两个字——很好。"我个人认为，这会让孩子理解为：我写的其实没什么好，很一般。那孩子怎么有再次好好写作文的动力呢？人都是这样，听到鼓励，会有再次表现好的欲望，即使听到不好的评价，还有可能奋起改善呢，可是听到一个平平淡淡不好不坏的评价，次数一多，就实在没什么下次我做得再好一些的想法了。不是吗？

如果孩子写得好，我们可以评价：语言优美、内容丰富、情节生动……我就不相信，家长在孩子的作文里找不到一些可以评价孩子写得还不错的好词。

如果孩子写得不好，也是不难评价的，有一个准则就是：寻找"积极的一面"鼓励表扬，之后再来个小小的"但是"，给孩子一个明确的提醒。如果孩子写了很多病句，你可以寻找几句没有问题的句子夸他"语言流畅，写得真好！"；或者说说他的哪些字写得真漂亮；你可能觉得他的句子不好，字不好看，那么可以夸夸他"写日记很认真，真是用心！"；可能他嘟嘟囔囔、磨磨蹭蹭、好不容易写完日记了，你就夸他"你能够坚持把日记写完，妈妈觉得你真棒！"总之，凡事一定都有积极的一面，我们用心寻找，并且具体去鼓励他——当你关注积极的一面，积极的东西就会越来越多。

现在我认为，评价要具体，不能只是一句"很好"；但是也不能太仔细，否则可能会局限孩子的思维。还有，也许孩子的作文中，问题很多，但请每一次，都不要一下子一股脑地说完，让孩子感觉，自己的作文有这么多问题，简直是写得太失败了。最好是，一段时间里，可以针对其中一个方面提醒孩子注意，再过一段时间，说另一个问题。

（诗书妈）

145 改要改得巧妙

可以把孩子说的录下来，然后播放，让他自己挑毛病

说是写的基础，口头表达能力的培养，有利于发展孩子的书面语言的表达能力。我认为对于刚刚接触"写话"的孩子来说，更需要强调"先说后写"的过程，这是小学作文的起步。但实际中我发现，当引导孩子说得有了起色的时候，他开始动笔写，写的内容却又回到了原来的样子："我"、"就"、"了"多了，相同的词重复出现，"说话"中用到的好词好句却忘记了，有的句子不完整、不通顺。

这样的事情经常发生，我于是想到，可以利用电脑或录音机把孩子说的录下来，然后反复地播放出来给他听，让他自己给自己说的"话"挑毛病：哪儿有重复多余的词，哪一个句子还不够生动，还有什么内容没有说出来？最后我鼓励地问："你能不能再说一遍，说得更好一些呢？"当孩子把说的内容整理润色后，写成了一段话，我又

让孩子再一次有感情地朗读一遍，并仍用录音法将其保存下来，以供闲暇时品味欣赏。

这种录音法既有利于孩子学会"自我修改"，又有利于将"听、说、读、写"四个环节紧密联系，相互渗透。孩子把心中的话自然流利地通过口头表达出来，长期训练，就能达到"出口成章"的效果。

146 指出主要问题

做眩晕状，问他能不能把话说得简练些

每一次儿子写好作文后都会给我读一读，让我提意见。我认为这意见也不是好提的，说多了孩子会烦，失去了写作文的兴趣，说少了他是开心了，但能力提高的速度自然会慢下来。在和儿子的过招中我是这样做的。

我会放下手中的事儿，全身心地听他读，让他感觉到我很尊重他，把他当回事。遇到孩子写得有趣的地方我会放声大笑，让他知道我很欣赏他。

遇到他没写明白的地方，我一定会提出来。如果孩子在作文中写的是半句话，我一定会追问：这话是谁说的？这事儿是谁做的？让他知道这是个病句。

孩子写作文的时候常见的毛病是啰唆，车轱辘话来回说。遇到这样的情况我就表现出茫然的样子，做眩晕状，问他能不能把话说得简练些。冗长的东西只能使人乏味，让孩子明白"面面俱到"写不出好

文章，花儿之所以美丽是因为有绿叶的陪衬，只有做到"详略得当"才能使中心更加突出。

让孩子说说作文中描述的情景用哪句诗、哪句名言、哪句歌词能概括，让他体会到在文章中巧妙引用能起到"画龙点睛"的作用。

147 怎么运用修改符号

批改孩子的作文时，使用的符号越少越好

当孩子捧着自己的"劳动成果"走到你面前时，我感觉此时的赞许一定是不可少的，表扬她能够不畏写作，表扬她能够把这个事情交代得比较清楚，甚至都可以表扬她这么半天都没动，一直在专心地从事一件事情。要知道，在教育过程中，赏识确实是一个法宝。

郑重地接过孩子的作品，认真地和她一起阅读，进行批改。在批改孩子的作文时，我使用的符号不多，只是三种，怕一旦符号太多，反而会让孩子搞不懂了。

一是数字标号①②③……，在文中依次把认为需要改进的地方一一用这些符号标明。这些地方有的是交代不明，没有说清楚；有的是语句依旧不通；还有的是缺少生动的描写。这也是用得最多的一种。和孩子一起标记号，边标边问她：是否知道这里爸爸为什么要标记号？这里应该填什么？还需要补充什么内容？直到孩子搞懂了为止，再继续往下。这只是我们一起看作文、找作文中大点的漏洞。

二是更换词句的符号。孩子在写作过程中，难免出现同义词混淆的现象。不同的语境使用不同的词语、不同的心情使用不同的词句的练习，孩子还一时掌握不好。于是像这类错误，我就用这个符号进行标注，启发孩子换个词进行运用，从而更好地表达文章的中心。

三是表扬好词、好句的曲线。在文中一旦发现了孩子使用恰当的好词语就大加鼓励，用曲线给她勾出来，鼓励她下次写作时还可以继续使用。特别是发现有好的思维想象的句子，描写特别独特的"妙言巧语"，则更是毫不吝惜地勾画出来，让孩子与我一起品尝创新带给我们的喜悦……

我们一起看完后，孩子带着被赏识的喜悦，静静地坐在一旁去修改她的①②③……了。为了书写清楚，也为了给孩子更大的写作空间，我不允许她在文中的字缝里面改，而是在文末，依旧按照①②③……的顺序排好，依次进行修改，把文中的那些大小漏洞——补好。这样就有很大的书写空间给孩子去掌握，孩子可以边翻看原文内容，边在这个新的地方修改，既不会打断孩子的思维，也给她继续畅想的空间……

等这项工作做好后，就可以让孩子工整认真地抄写了。这样，一篇比较完美的学生习作就"新鲜出炉"了……

148 怎么改得主题明确

只需要在结尾稍做修改，就有了一个非常有意义的主题

语文考试，作文要求是写一个梦，梦见自己是一种动物，然后展

开联想写一篇童话,自命题目,350字以上。

小竣写的是400余字的《驼鹿与圣诞树》,写他梦见自己是一只驼鹿,圣诞这一天来到城市,见到城里到处充满节日气氛,在一棵彩灯闪烁、挂满琳琅满目礼物的圣诞树前,他吃到了自己喜欢的美味,还打开礼物见到金币,给自己买了一堆好吃的东西。后来梦醒了,发现自己不过是做了一场梦而已。

老师扣分的理由是没有中心思想。想想也是,这孩子虽然写得文笔还不差,也有细节描写,但是通篇就是讲驼鹿来到繁华都市的新奇和开心,还享受了一顿美食,吃饱喝足就梦醒,好像真没啥拿得出台面的大道理可言。

站在孩子的角度,我觉得他写得还不错,比我有想象力,我拿到这样的题目估计还要挠脑袋伤脑筋,他倒是洋洋洒洒写得比较过瘾,不过这可能跟吃喝是他的强项有关系。

怎么引导儿子修改这篇作文,让它也能有中心思想呢?

我问儿子:"你其实写得不错。你也知道现实生活中驼鹿不可能在城市这样逍遥,你写的是一种美好的设想而已对吧?"

儿子点头。

"儿子,妈妈今天想先跟你讲一个写作的手法,叫作反衬。(边说,我一边把这两个字写在纸上,再用手指着进行解释。)反衬,顾名思义,就是反过来进行比较和衬托。也就是说,你明明是想突出美好,可是你却详细描写了丑陋的一面,通过丑陋,来对比出美好的可贵。你喜欢白天的明朗,却描写了黑夜的暗淡无光,以此反衬出白天的可贵值得珍惜,这样的写作手法,就叫反衬。在你这文章里,你把驼鹿在城市过圣诞写得非常美好,让我看了都觉得替它开心,但是你想，这是可以真实实现的吗？"

"不能。"儿子摇摇头。

"当然不能，因为现实世界中，拥挤的城市里根本没有野生动物的生存空间。在你的文章里，假如把驼鹿看作是野生动物们的代表，城市是人类居住的环境，你通过写动物在人类居住的城市里快乐生活的梦境，来反衬出现实中动物生存空间越来越小的残酷现实，呼吁大家重视野生动物的生存环境，是不是就变得很有意义了呢？"

"对哦。"儿子恍然大悟道。

"你看，同样的这篇文章，你只需要在结尾的地方稍做修改，把梦境和现实联系起来讲，就有了一个非常有意义的主题，文章要表达的思想立刻得到了升华。要写一篇有中心思想的文章，其实也不那么难对不对？"

孩子点头称是，很痛快地改作文去了。

（植竣妈妈）

149 怎么改得细节精彩

看到女儿冥思苦想的样子，妻子决定再把刚才的情形演一演

寒假的一天，女儿冠冠在家做作业，我在她旁边读书，妻则在阳台洗衣服。突然，妻喊肚子疼。懂事的女儿赶忙给她倒了热茶喝。没等我伸手，女儿又拿来了热水袋给妈妈暖肚子。在女儿的精心照料下，妻很快"康复"了。

一切回归平静，女儿又回到书房做作业。她小声地嘀咕着："写

什么呢?"我看了看她的作业本,原来是要求写一篇日记。我灵机一动,启发她说:"刚才妈妈肚子痛的事不是很值得写一写吗?"女儿一听,高兴地说:"好!"然后就写了起来,不一会儿就写好了——

妈妈肚子疼了

一天,我在家里写寒假作业,妈妈在阳台洗衣服。突然,妈妈大声叫着:"肚子疼!"我问妈妈:"你怎么了?"妈妈说:"我喝多果汁了……果汁有点凉……"我给妈妈倒了杯热茶,妈妈喝完茶,觉得好多了。

爸爸说要用暖水袋给妈妈暖肚子,我一听马上找来暖水袋,加了滚热的水。妈妈把暖水袋放在自己的衣服里面,看得出,妈妈觉得很暖和。

一会儿,妈妈说肚子不疼了。

应当说,一位二年级小学生的日记能写成这样已经不错了。可是能不能写得更好一些呢? 我又引导她做进一步修改。于是,我夸奖说:"冠冠写得真不错,我们可不可以再修改一下,让作文更生动,然后向报社投稿,争取发表好吗?"

平常,我总有些教育教学类文章发表于各类刊物,女儿羡慕已久。此时,听到我这番话,她兴奋极了,跳着直叫好。

我们又拿来一叠新稿纸,启发她说:"想一想,妈妈肚子痛时说了什么? 动作怎样? 表情如何?"

女儿想了想说:"妈妈非常难受地说'我的肚子疼……'。"可是她却说不出妈妈肚子疼时的动作、表情。

妻看到女儿冥思苦想的样子,笑着说:"我再把刚才的情形演一演吧!"

只见她坐在凳子上，装作很痛苦的样子，倒是蛮像的，我和女儿笑得前仰后合。

女儿恍然大悟："我知道了，妈妈双手捂着肚子，弯着腰，痛苦地呻吟着，'唉哟，肚子疼……疼死我了……'。"

"说得好！"我夸奖她，"赶快写下来！"

女儿认真地在纸上沙沙地写着……

"看到妈妈痛苦的样子，你是怎么想的？妈妈回答时的表情怎样？这些内容也要写下来。"我接着启发她。

"我心里很着急……妈妈回答时，表情显得很难受……"她说完便在纸上写了起来。

"听了妈妈的话，你又是怎么说的呢？妈妈又是怎么回答的呢？"我又问道。

"我说：'妈妈，我给你倒杯热茶吧'……然后，我把热茶……"女儿对答如流，也"下笔如神"了。

"冠冠说得好，写得更棒！是的，在冠冠的精心照料下，妈妈的病完全好了，这时，妈妈有什么表现呢？"

女儿眨巴着眼睛，说："对了，妈妈把我搂在怀里亲了一下……"

看到女儿已写满了整整一张稿纸，我非常高兴，然后，我又帮她修改了一下，最后，女儿将作文认真地誊写了一遍——

妈妈肚子疼了

一天，我在家里写寒假作业，妈妈在阳台洗衣服。

突然，我听到妈妈痛苦地叫道："唉哟，我的肚子疼……"我急忙跑过去，只见妈妈双手捂着肚子，弯着腰，脸上露出痛苦的表情，嘴里不住地呻吟着："唉哟，肚子疼……疼死我了……"我心里很着急，问："妈妈你怎么了？"妈妈忍着痛说："刚才，我果汁喝多了，果汁有点凉……"

　　我关心地说："妈妈，我给你倒杯热茶吧！"妈妈说："行，好孩子！"

　　我倒来一杯热茶，妈妈喝完茶，觉得好多了。

　　爸爸说要用暖水袋给妈妈暖肚子，我听了，急忙找来暖水袋，把暖水袋灌进热水。妈妈把热乎乎的暖水袋放在衣服里面，过了一会儿，肚子一点儿也不疼了。

　　妈妈一把将我搂在怀里，在我的脸上亲了一下，笑着说："冠冠真是我的好女儿！"听了妈妈的话，我高兴极了。

　　女儿小心地把装有作文稿的信封投进邮筒，天真可爱的脸上写满了幸福灿烂的笑。这是收获的笑，是进步的笑，也是充满期待的笑。

（黄百严）

150　怎么改得言之有物

文章好不好，最重要的是有没有内容，有没有自己的思想

　　有很长一段时间，妞儿都不肯让我读读她的作文，我猜想她是怕我嫌这不好那不对，之后又要劳烦她改来改去。

　　有一天，妞儿问我："今天的博客不是已经更新了吗？你怎么还

老是看呀看？"我开玩笑地说："自我欣赏呀。"见妞儿撇嘴似乎将我的话当了真，我急忙更正道："反复读，一是为了纠错别字；二是为了把前言不搭后语的地方改得顺溜些。"妞儿说："老师也讲过，好文章是改出来的。"我就坡下驴地说："反正假期有的是时间，你可以试着修改你的作文。"妞儿无可无不可地说："行吧。"

下面这篇作文是修改之后的。之前妞儿写的是《评三国人物》。再之前妞用的是"论"字。我问妞儿："你是否评出和论出三国人物的子丑寅卯？"妞儿反问："你是说我的题目太大，文章写得又太小？"我点头。妞儿开始耍赖："那怎么改？"我说："你开头儿写的什么？"妞儿说："喜欢呀。"我说："这不就成了吗？你喜欢诸葛亮的……"妞儿说："机智；曹操的直率；赵云和张飞的勇敢。"题目的问题不再是问题。于是，我和妞儿接着往下读。

第二段，我说："你把'最'写在前面，就像人大头朝下待着，很不舒服。这一段的内容应该是一层层递进的，怎么改才好呢？"妞儿说："调换顺序。"我说："对喽。"接下来是一些细枝末节的修改，比如这里加一个四字词语，那里删掉一个"了"。最后，我问妞儿："这篇文章好写吗，有没有憋宝的感觉？"妞儿反问："什么叫'憋宝'？"我说："本来没什么想法或是看法，愣是往外挤。"妞儿说："我自以为已经读过两遍，下笔写起来，才发现对'三国'还是不太熟悉。"我说："没关系，文章好不好，最重要的是有没有内容，有没有你自己的思想在里面，所谓'言之有物'。这篇写得比较肤浅，跟你的年龄、阅历等都有关系。过三五年，你再重新写'三国'人物，可能会比现在认识得深刻。"

（笨妈妈）

附：

我喜欢的"三国"人物
文/聪明妞

《三国演义》我看了许多遍，长坂坡大战、曹操败走华容道，我都喜欢。最吸引我的是书里面一个个相貌不同、性格各异、栩栩如生的人物。

我最喜欢诸葛亮的沉着与机智。刘备"三顾茅庐"请的便是诸葛亮。他把自己比作姜子牙。一句"周郎一计安天下，赔了夫人又折兵"让小肚鸡肠的周瑜口吐鲜血；赵云依照他的锦囊密计护送刘备和夫人去祭祖，令刘备平安地回到荆州，再一次化险为夷。而我觉得最神机妙算的当属"空城计"。他让士兵装成老百姓分别在四个城门上打扫卫生，自己却和两个琴童在城楼上弹琴。我怎么也想不到英勇善战的司马懿会让诸葛亮这阵式吓跑了。

我也喜欢曹操的直率。他与刘备"青梅煮酒论英雄"，刘备假惺惺地列出淮南袁术、河北袁绍、荆州刘表、江东孙策、益州刘璋等人。曹操一律摇头称不，然后指着自己和刘备说天下称得上英雄的只有他们二人。曹操如此直接地说出自己的想法真的让我瞠目结舌。

我还喜欢赵云和张飞的英勇。赵云大战长坂坡，一人杀进杀出，保护着刘备的儿子阿斗。张飞虽然缺少谋略，但是有胆量，明明知道敌众我寡，他仍然让军士在林中翻起尘土，自己站在当阳桥上冲着曹操的军队大吼，吓得曹操连滚带爬地逃走了。他的勇敢很让人佩服。

151 改《打架子鼓》

在我俩你一句我一句的交流下，修改后的作文诞生了

"好作文是改出来的。"和儿子一起改作文一点不轻松，除了要把不会写的字填上，还要把病句修改过来，当然好词好句也不能没有。

"由不会到会的过程写清楚是重点，你写得很好，但是这部分写得少了。老师不是常说作文中要有你在事情中的语言，动作和心理活动吗？我们一起试着加上。"儿子月牙似的眼睛眯成了一条缝，努力回忆着事情的细节，在说到动作时还手舞足蹈地表演起来。

"我费了九牛二虎之力都快把鼓敲破了也没学会。"儿子边说边大笑起来，"妈妈，能这样写吗？"

"当然可以，多真实呀！"

"什么时候才能敲上一首真正的曲子？"

"好！这是你的心理活动，完全可以写。事情不平淡还有新发展呢。"我不放弃任何一个表扬的机会。

"儿子，我最欣赏你文章的最后一句，你能念给我听吗？"我认真地看着他，目光中充满了期待。

"我一定要成为一个真正的小鼓手，这是我的梦想。"儿子骄傲地念着。

"我真为你自豪，你是个有梦想的孩子，但是实现梦想需要努力，从学习敲鼓你明白什么了？"

"不能半途而废，要坚持！"儿子认真地说。那一刻我感觉他一

下子长大了。就这样，在我俩你一句我一句的交流下，修改后的作文
诞生了。

（蕙质兰心）

152 改《假如我成为孙悟空》

先肯定他这篇作文，然后话锋一转

———————————————————————

　　小胖墩的"作文恐惧症"显然是"冰冻三尺"了，要治愈绝非
"一日之功"。此君磨蹭着在书桌前坐下，德性不改，一如既往地束
手无策。辣妈脸上堆满笑容，温和地牵引，耐心地指导，当然是比较
落入俗套的那些辅导步骤：审题——选定题材（小胖墩决定写"假如
我成为孙悟空"）——学习范文——草拟提纲。

　　令辣妈失望的是，孺子并没有显示出丝毫可教的迹象，先是毫不
掩饰地展现他的不耐烦，一会儿弄弄铅笔，一会儿瞥瞥时间，一会儿
抓抓头皮，一会儿打打蚊子，辣妈强忍着"厚积薄发"的怒火，不动
声色，静观其变。不料，望穿秋水等到的却是："妈妈，对不起，我
爱你。（此乃设计台词）但我还是不会写！"我转过身，吸了口气，
抹了把脸，努力告诉自己，要继续微笑！好啦，情绪得以稳定后，辣
妈轻柔地说："不要怕，有妈妈在！"于是开始新一轮的"启发式"
教导：

　　辣妈：先想想为什么你想成为孙悟空？

　　小胖墩：他神通广大。

辣妈：体现在哪几方面？

小胖墩：1.一个筋斗翻十万八千里；2.七十二变；3.斩妖除魔。

辣妈：嗯，非常棒！那你根据平日的愿望，结合他这些本事，发挥想象，变一些东西出来。

小胖墩：我没什么愿望。

辣妈：怎么会没什么愿望呢？你不是一直想要一个游戏机吗？

小胖墩：不想变这个，变了，你也不会给我玩的。（狂晕，他八成以为自己还真的会成孙悟空了）

辣妈：那你就想想你最想干的事，别的小朋友最想要的东西，国家呀、世界呀缺的东西，缺什么变什么。妈妈去冲凉，你自己写。

十五分钟后，辣妈回到现场，那只假孙悟空早已逃之夭夭，在隔壁邻居家铜铃般地大笑。我一看他的佳作，有5个自然段。但也就5句话。全文转载如下：

假如我成为孙悟空

假如我成为孙悟空，我就翻一个筋斗到我最想去的地方——北京。

假如我成为孙悟空，我就拔一些毫毛，变出一大堆钱分给灾区的小朋友们。

假如我成为孙悟空，我会变出很多食物，让人们解决温饱。

假如我是孙悟空，我会变出很多绿树，种在世界的每一个角落。

假如我是孙悟空，我会让天下所有的坏人都消失。

辣妈数了一下，全文共137字。大家别指责我，老师的要求可是要有300字。于是正在兴头上的小胖墩被急召回宫。他一看辣妈阴晴不定的脸色，知道情况不妙，非常识趣地问："我就知道自己写得不好，那我重写吧。但你要教我。"辣妈辣归辣，对待小胖墩"口蜜腹剑"的伎俩还是有办法的。先肯定他这篇作文条理清晰、想象丰富、语言精练，然后话锋一转，但是没头没尾，血肉不丰，稍加修改，定会大放异彩！

　　小胖墩虽心不甘、情不愿，但只好坐下，重磨刀枪。辣妈凝神冥思，遥想当年麻辣外婆的点拨之道，于是提问了以下3个问题：1.你为什么想去北京？2.除了灾区的小朋友，还有哪些人很需要钱？3.试想一下人们解决温饱后，世界种满绿树后，坏人全消失后，会是怎样的景象？

　　20分钟后，一篇改良版的作文新鲜出炉，大意如下。

假如我成为孙悟空

　　假如我成为孙悟空，我就可以省却舟车劳顿，一个筋斗翻到我最想去的地方——北京。那里有雄伟的天安门广场、坚固的长城、美丽的故宫，它们背后的故事我都想了解一下。

　　假如我成为孙悟空，我就拔一些毫毛，变出一大堆钱。一部分分给灾区的小朋友们，帮助他们重建温暖的家园；一部分分给生病却无钱医治的穷人，这样他们就能早日康复；一部分分给街上的流浪汉，他们就能结束无家可归的生活。

　　假如我成为孙悟空，我会变出很多食物，这个世界将不再有饥荒，让每个人都能吃上香喷喷的白米饭，喝上热腾腾的骨头汤。

　　假如我成为孙悟空，我会给沙漠变出一片片的绿洲，还会变出许多郁郁葱葱的树木，让世界的每一个角落都笼罩在绿色之中。

　　假如我是孙悟空，我会让天下所有的坏人都消失。这样，地球上就不会有战争，甚至连警察都不需要了。

辣妈对这篇作文还是颇为满意的，亲了小胖墩一口作为奖励。但仍妄想让他再补充开头、结尾，遭到他的严词拒绝，表面理由是：谁不认识孙悟空？还要加个开头介绍他的本事是画蛇添足。当然辣妈知道真正的理由是他不愿重抄一遍。也罢！因为加个结尾没有这重烦恼，他利索地大笔一挥，写就了一句令人热血沸腾、荡气回肠的结束语：

我真希望自己能真的成为孙悟空，更好地服务于人们！

辣妈看了之后，差点笑喷了。孙悟空当过"弼马温"，官职虽不大，但好歹也算一公务员。从这点意义上，表表誓当人民公仆的决心也合乎逻辑！

（辣妈）